WANGGE JINGLI GONGDIAN FUWU
ZHISHI SHOUCE

# 网格经理供电服务
# 知识手册

国网河南省电力公司营销服务中心（计量中心）　编

中国电力出版社
CHINA ELECTRIC POWER PRESS

**图书在版编目（CIP）数据**

网格经理供电服务知识手册 / 国网河南省电力公司
营销服务中心（计量中心）编 . — 北京 : 中国电力出版
社，2025.5 -- ISBN 978-7-5198-9965-3

Ⅰ . F426.61-62

中国国家版本馆 CIP 数据核字第 2025GG8731 号

---

出版发行：中国电力出版社
地　　址：北京市东城区北京站西街 19 号（邮政编码 100005）
网　　址：http://www.cepp.sgcc.com.cn
责任编辑：丁　钊（010-63412393）
责任校对：黄　蓓　李　楠
装帧设计：郝晓燕
责任印制：杨晓东

---

印　　刷：廊坊市文峰档案印务有限公司
版　　次：2025 年 5 月第一版
印　　次：2025 年 5 月北京第一次印刷
开　　本：710 毫米 ×1000 毫米　16 开本
印　　张：7.25
字　　数：92 千字
定　　价：48.00 元

---

## 本书编委会

主　　任　王自军

副 主 任　杨　雷　赵　睿

编委会成员　李桂林　张向阳　赵卫华　叶　雷　王　峻　邵永刚

## 编写人员

主　编　陈　旭　邵永刚

副主编　李亚男　丁　博　肖　珂　王宇飞

参　编　张　龙　陈　旭　黄晓光　杨　娜　杨　鑫　李　雍

　　　　王　刚　李梦媛　吕　丹　李洁雯　毛　越　刘林曼

　　　　王奕萱　刘怡琳　李　赟　朱曼曼

# 前　言

为贯彻执行国家电网公司及省电力公司关于"强化客户诉求渠道服务质量管理"的工作要求，加速推动供电服务的转型与升级，并提升供电网格的服务品质，我们依据供电服务"覆盖广泛、涉及领域多"的特性以及网格服务人员"专业技能广泛、能力多样"的优势，组织开展了本书的编写。该手册旨在精确把握客户的核心关注点，增强网格经理作为直面客户的"一线服务人员"专业能力，进一步规范服务流程、减少服务风险，提升客户满意度。

在本书的编写过程中，我们全面整理了各级政府部门、国家电网公司及省电力公司近年来发布的相关规章制度，并结合实际工作状况，以电费管理、客户服务、计量管理、业扩报装四个专业领域为核心，针对网格服务人员在实际工作中遇到的常见业务场景，对涉及的基础知识、实际操作技巧、回复用语等高频知识点进行了系统的梳理与收录。手册内容翔实全面、操作性强，便于网格服务人员查阅与使用。

在手册的编写过程中，得到了国网安阳、南阳、濮阳、商丘、郑州等供电公司的大力支持与协助，他们提供了丰富的素材及宝贵的建议，对此我们深表感谢。

鉴于时间及经验所限，手册中可能存在疏漏与不足，我们诚挚地邀请读者提出批评与建议，以便我们不断改进与完善。

# 目　录

# 1 电费管理专业

## 1.1 业务场景一：电价政策

### 1.1.1 基本知识

【知识点 1】电价类别

2018 年 4 月 1 日起，河南省电网经营范围内，终端销售电价共分为三类，分别是城乡居民生活用电电价、工商业及其他用电电价和农业生产用电电价。

【知识点 2】城乡居民生活用电执行标准

根据《河南省发展和改革委员会关于河南省居民生活用电试行阶梯电价的通知》（豫发改价管〔2012〕808 号）规定：河南省从 2012 年 7 月 1 日起，城乡一户一表居民用户用电开始执行阶梯电价，电价分为三个挡：

第一挡：全年累计用电量不高于 2160kW·h，电价执行 0.56 元／（kW·h）；

第二挡：全年累计用电量高于 2160kW·h 不高于 3120kW·h，电价是在原电价的基础上加 0.05 元，电价执行 0.61 元／（kW·h）；

第三挡：全年累计用电量高于 3120kW·h 的，在原电价的基础上增加 0.3 元，电价执行 0.86 元／（kW·h）。

**【知识点3】工商业及其他用电电价执行标准**

根据《河南省发展和改革委员会关于转发〈国家发展改革委关于进一步深化燃煤发电上网电价市场化改革的通知〉的通知》（豫发改价管〔2021〕873号）规定：自2021年10月15日起，全面取消工商业目录销售电价，工商业用户原则上全部进入电力市场；暂无法直接向发电企业或售电公司购电的工商业用户，可由电网企业（含国网河南省电力公司以及各增量配电网企业）代理购电。

**【知识点4】农业生产用电执行标准**

农业生产用电分为一般农业生产用电和农业深井及高扬程排灌用电。

一般农业生产用电：不满1kV电价为0.4842元／（kW·h），1～10kV电价为0.4752元／（kW·h），35～110kV以下电价为0.4662元／（kW·h）。

农业深井及高扬程排灌用电：不满1kV电价为0.4642元／（kW·h），1～10kV电价为0.4552元／（kW·h），35～110kV以下电价为0.4462元／（kW·h）。

文件依据：《河南省发展和改革委员会关于2019年第二次降低工商业及其他用户单一制电价的通知》（豫发改价管〔2019〕315号）。

**【知识点5】煤改电优惠电价收费标准**

以"电代煤""一户一表"居民每年10月份用电量（即11月份发行电量）作为基础生活电量，供暖期每月超过基础生活电量［注："煤改电"客户优惠（取暖）电量］，指供暖期内当月电量与基础电量差值，若为负值或空值则记作0。对于当年11月15～30日及次年3月1～15日两个时间段，优惠电量取此段电量与1/2基础电量差值，若为负值则记作0。以外部分视为取暖电量，取暖电量（一个采暖季上限为3000kW·h）全部按照一挡阶梯电价基础上每千瓦时电降低 0.15 元执行。取暖电量以外的电量不再享受降低 0.15 元的优惠，继续执行居民正常阶梯电价。

### 【知识点 6】清洁供暖期电价定义及执行依据

（1）2017 年 10 月 25 日，根据《河南省发展和改革委员会关于转发〈国家发展改革委关于印发北方地区清洁供暖价格政策意见的通知〉的通知》（豫发改价管〔2017〕1089 号）规定，在全省范围内全面推行居民峰谷分时电价政策，鼓励利用谷段低价电采暖。

（2）电价标准。每日 22 时至次日 8 时在分挡电价的基础上每千瓦时降低 0.12 元，8～22 时在分挡电价的基础上每千瓦时提高 3 分钱。实行供暖期阶梯电价政策。

（3）对于非集中供热区域的"一户一表"城乡居民用户，在每年 11 月 15 日～次年 3 月 15 日时间段内，累计用电不高于 1120kW·h 部分，按照 0.56 元 /（kW·h）执行；高于 1120kW·h 部分，按照 0.61 元 /（kW·h）执行。

### 【知识点 7】一户多人口电价执行标准

根据《河南省发展和改革委员会关于适当提高多人口家庭阶梯电价电量基数的通知》（豫发改价管〔2013〕860 号）规定，家庭常住人口 6 人及以上的一户一表用户（以户口本人数为准），经当地供电企业核实后，月均用电量 280kW·h 及以下的执行一挡电价，月均用电量 281～360（含）kW·h 的执行第二挡电价，月均用电量 361kW·h 及以上的执行第三挡电价。

### 【知识点 8】居民合表电价执行标准

根据《河南省发展和改革委员会关于河南省居民生活用电试行阶梯

电价的通知》（豫发改价管〔2012〕808号）规定，对未实行"一户一表"的合表居民用户和执行居民电价的非居民用户（如学校等），暂不执行居民阶梯电价，电价水平按居民电价平均提价水平调整，每千瓦时提高0.008元，即电压等级不满1kV电价为0.568元／（kW·h），电压等级1～10kV电价为0.529元／（kW·h）。

**【知识点9】低保、五保户电价优惠政策执行标准**

根据《河南省发展和改革委员会关于河南省居民生活用电试行阶梯电价的通知》（豫发改价管〔2012〕808号）规定，对城乡"低保户"和农村分散供养的"五保户"家庭，设置每户每月10kW·h的免费用电基数，采取"先征后返"的方式，供电企业根据民政部门定期提供的"低保户"和农村"五保户"家庭清单，按照每月每户0.56元／（kW·h）的标准，返还每月每户5.6元。

**【知识点10】"网上国网"App电价查询路径**

（1）入口1：首页（住宅）—更多—查询—信息公开—电价标准。此入口可为居民生活用电、农业用电提供电价查询信息且可为工商业代理购电提供上月和本月的电价查询。

（2）入口2：首页（住宅）—更多—办电—代理购电—信息发布。此入口可为客户提供工商业代理购电的电价（包括现行及历史电价）查询。

## 1.1.2 常见问题及回答

**【问题】一般商业用电价格是多少**

（1）按照国家发展改革委相关要求，燃煤发电电量原则上全部进入电力市场，通过市场交易在"基准价＋上下浮动"范围内形成上网电价。现行燃煤发电基准价继续作为新能源发电等价格形成的挂钩基础。

（2）具体电价可通过营业厅、"网上国网"App 进行查询。"网上国网"App 查询路径：详见本场景【知识点 10】。

（3）每月 27 日前电网企业将进行公示。

文件依据：《河南省发展和改革委员会关于转发〈国家发展改革委关于进一步深化燃煤发电上网电价市场化改革的通知〉的通知》（豫发改价管〔2021〕873 号）。

# 1.2　业务场景二：阶梯电价

## 【知识点 1】居民阶梯电价定义

居民阶梯电价是指将现行单一形式的居民电价，改为按照用户消费的电量分段定价，用电价格随用电量增加呈阶梯状逐级递增的一种电价定价机制。

文件依据：《国家发展和改革委员会印发关于居民生活用电试行阶梯电价的指导意见的通知》（发改价格〔2011〕2617 号）。

## 【知识点 2】居民阶梯电价执行依据及开始时间

根据《国家发展和改革委员会印发关于居民生活用电试行阶梯电价的指导意见的通知》（发改价格〔2011〕2617 号）和《河南省发展和改革委员会关于河南省居民生活用电试行阶梯电价的通知》（豫发改价管〔2012〕808 号）精神，河南省从 2012 年 7 月 1 日起开始执行居民生活阶梯电价。居民用电试行阶梯式电价有利于促进节约用电，有利于理顺电价关系，有利于促进社会公平，有利于促进节能减排。

**【知识点3】居民阶梯电价计费周期**

（1）阶梯电价按年为周期执行。全年分挡电量按照月度电量标准乘以月份计算，执行相应分挡的电价标准。

（2）居民用户发生用电变更，按照实际用电月份数计算分挡电量，用电不足一个月的按一个月计算。

（3）"非集中供暖"用户，按照4个月供暖期和8个月非供暖期分别执行。

**【知识点4】居民阶梯电价收费标准**

详见业务场景一的【知识点2】。

# 1.3 业务场景三：峰谷分时电价

## 1.3.1 基本知识

**【知识点1】居民峰谷分时的执行范围**

城乡居民"一户一表"用户、合表用户可自愿选择执行居民峰谷分时电价，峰谷时段及电价标准按现行有关政策执行。

文件依据：《河南省发展和改革委员会关于进一步完善分时电价机制有关事项的通知》（豫发改价管〔2022〕867号）。

**【知识点2】居民峰谷分时的申请渠道**

"网上国网"App、供电营业厅、政务服务渠道。

**【知识点3】办理居民峰谷分时所需材料**

（1）"一户一表"城乡居民客户需提供客户有效身份证明（原件）。身份证明：包括居民身份证、临时身份证、户口本、军官证或士兵证、台胞证、港澳通行证、外国护照、外国永久居留证（绿卡），或其他有效身份证明文书（原件及复印件）。

（2）委托代理人办理，另需提供授权委托书、经办人有效身份证明（复印件）。

注：居民有效身份证明姓名需与用电户名一致。

文件依据：《业扩报装口袋书》。

【知识点4】居民峰谷分时的电价标准及时段

居民分时电价标准及时段划分：每日22时～次日8时在分挡电价的基础上每千瓦时降低0.12元，8～22时在分挡电价的基础上每千瓦时提高3分钱。

文件依据：《河南省发展和改革委员会关于进一步完善分时电价机制有关事项的通知》（豫发改价管〔2022〕867号）。

【知识点5】一般工商业峰谷分时的执行范围

除国家有专门规定的电气化铁路牵引用电外，工商业及其他用电价格中的大工业、普通工业和非工业电价，须执行峰谷分时；执行商业和非居民照明电价，可选择执行峰谷分时。

【知识点6】一般工商业峰谷分时的申请渠道

"网上国网"App、供电营业厅、政务服务渠道。

【知识点7】办理一般工商业峰谷分时所需材料

（1）需提供用电户主体证明（复印件加盖公章）。

主体证明：包括营业执照、组织机构代码证、宗教活动场所登记证、社会团体法人登记证书、军队或武警出具的办理用电业务的证明（复印件）。

（2）委托代理人办理，另需提供授权委托书或单位介绍信（原件）、经办人有效身份证明（复印件）。

注：用电户主体证明复印件名称需与用电户名一致。

文件依据：《业扩报装口袋书》。

**【知识点 8】一般工商业峰谷分时的执行标准及时段**

（1）非季节性电价峰谷时段及比价：每年 2～6 月、9～11 月，高峰时段为 10～14 时和 17～21 时，低谷时段为 23 时～次日 7 时，其余时段为平段。高峰、平、谷电价比为 1.64：1：0.41。

（2）季节性电价峰谷时段及比价。每年 1 月、7～8 月、12 月对分时电价电力用户执行尖峰电价，其中每年 1 月和 12 月尖峰时段为每日 18～19 时，7～8 月尖峰时段为每日 12～14 时和 20～21 时，尖、高峰、平、谷电价比为 1.968：1.71：1：0.47。

文件依据：《河南省发展和改革委员会关于进一步完善分时电价机制有关事项的通知》（豫发改价管〔2022〕867 号）。

**【知识点 9】煤改电用户峰谷分时的时间段**

政府认定的"煤改电"客户供暖期内（11 月 15 日～次年 3 月 15 日）煤改电峰谷分时电价比居民峰谷分时电价的低谷时段延长了 2h，由 22 时～次日 8 时调整为 20 时～次日 8 时。

文件依据：《河南省发展和改革委员会关于印发河南省 2018 年电代煤、气代煤供暖工作方案的通知》（豫发改能源〔2018〕425 号）。

### 1.3.2 常见问题及回答

【问题1】办理分时电价后，是否影响阶梯电价

办理分时电价后，不影响阶梯电价，分时电价和阶梯电价叠加执行。

【问题2】对于居民客户来说，什么样的用电模式会比较适合分时电价

从用电高峰、低谷的比价关系来看，一年中谷段（22时～次日8时）电量占到总用电量的20%以上，采用峰谷分时电价就很划算，尤其适用于冬春季夜间（22时～次日8时）采用空调取暖的居民。

【问题3】工商业新峰谷分时电价政策执行时间

根据《河南省发展和改革委员会关于进一步完善分时电价机制有关事项的通知》（豫发改价管〔2022〕867号）规定，大工业、普通工业、非工业及自主选择执行分时的商业和非居民照明用户，自2022年12月1日起执行。

【问题4】农业用户是否可以申请峰谷分时电价

执行农业生产用电价格的用户不执行峰谷分时。

# 1.4　业务场景四：一户多人口电价

### 1.4.1　基本知识

【知识点1】一户多人口电价及执行依据

详见场景一【知识点7】。

**【知识点2】一户多人口电价的适用对象**

家庭常住人口6人及以上的一户一表用户。

**【知识点3】一户多人口电价的办理时限**

业务认定期限为每年1月1～31日。

**【知识点4】办理一户多人口电价时所需携带材料**

（1）用户编号（或近期电费发票）。

（2）与用电地址一致的房产证明材料原件（农村地区可提供村委会及以上出具的产权证明原件）。

（3）与用电地址一致的户口簿原件。

（4）户口本上任一办理人身份证原件。

注：如经办人办理，除以上材料外，还需携带经办人身份证，产权人出具的委托授权书。

## 1.4.2　常见问题及回答

**【问题1】我们家人比较多，家里有父母、孩子，用电量比较大，按阶梯电价太不划算，是否可以多装个电表**

根据《河南省发展和改革委员会关于河南省居民生活用电试行阶梯电价的通知》（豫发改价管〔2012〕808号）规定，城乡一户一表居民用户，一个房产证对应一户，只能申请一块电能表，不能办理分户。

针对多人口家庭用电，根据《河南省发展和改革委员会关于适当提高多人口家庭阶梯电价电量基数的通知》（豫发改价管〔2013〕860号）规定，如在户口所在地登记的家庭常住人口达到6人及以上的，可申请办理多人口家庭阶梯电价，增加一挡和二挡电价用电量。

【问题 2】什么时间可以办理一户多人口业务？过了这个时间还能办理吗？

一户多人口业务需要在每年 1 月份（1 月 1～31 日）携带资料到营业厅进行登记办理。过期今年将无法办理。

【问题 3】办理以后什么时间生效，有效期多久

多人口认定的有效期为一年，需每年 1 月份认定一次，下一电费结算周期生效。

# 1.5  业务场景五：光伏用户电价

【知识点 1】光伏项目的上网电价

根据《关于降低燃煤发电上网电价和一般工商业用电价格的通知》（发改价格〔2015〕3105 号）规定，光伏项目上网电价按照当地燃煤机组标杆上网电价（脱硫、脱硝、除尘）执行，河南省 2016 年 1 月 1 日（含）～2017 年 7 月 1 日，按照每千瓦时 0.3551 元执行；2017 年 7 月 1 日（含）至今，按照每千瓦时 0.3779 元执行；如遇政策调整，光伏发电项目上网电价执行标准将按最新政策执行。

【知识点 2】分布式光伏上网的补贴标准

目前，河南省仅有中央财政补贴，补贴由电网企业转付。补贴政策如下：

（1）2021 年起，对新备案集中式光伏电站、工商业分布式光伏项目，中央财政不再补贴，实行平价上网。

（2）对明确纳入 2021 年当年中央财政补贴规模的新建户用分布式光

伏项目，即 2021 年 1 月 1 日及以后并网的户用分布式光伏发电项目全发电量补贴标准为每千瓦时 0.03 元（含税），补贴从并网之日开始。

注：纳入中央财政补贴规模并网的截止日期由国家能源局确定，未纳入规模的用户无法享受补贴政策。

（3）2021 年 8 月 30 日之前并网的户用分布式光伏项目补贴电价由公司统一调整，8 月 31 日及以后由各地市自行添加。

（4）对从并网之日至 2021 年 8 月 31 日并网的户用分布式项目，公司统一进行政策性退补（需各地市供电公司核实），计算从并网之日起到 2021 年 8 月 31 日的补贴金额。

（5）2021 年 8 月 31 日及以后并网的户用分布式项目由各市供电公司自行退补结算。

文件依据：《国家发展改革委关于 2021 年新能源上网电价政策有关事项的通知》（发改价格〔2021〕833 号）《关于落实好 2021 年新能源上网电价政策有关事项的函》国网河南省电力公司《关于 2021 年光伏项目上网电价政策有关事项的通知》。

# 1.6　业务场景六：电费缴纳

## 1.6.1　基本知识

【知识点 1】供电公司的缴费服务方式

供电企业向客户提供电子渠道缴费、自助服务终端缴费、坐收、代扣、代收缴费等多种方式的缴费服务。

【知识点 2】居民和非居民用户的缴费渠道

（1）供电公司及各代收银行网点营业厅。

（2）其他协议代收电费网点（可现金缴费）。

（3）银行委托代扣。客户可至能办理委托代扣的银行柜面办理银行卡代扣电费业务（详询银行网点）。

（4）网上银行。已开通网上银行代收电费的银行，居民可登录该银行的网站，根据提示缴纳电费（以银行提供服务为准）。

（5）银行自助终端。持有银行卡的居民客户可在该银行网点的自助缴费终端上，通过触摸屏（或键盘）按提示操作自行缴纳电费（以银行提供服务为准）。

（6）供电公司自助终端（可现金缴费）。居民客户可在供电公司自助查询缴费终端上输入自己的"客户编号"，根据自助缴费机显示屏上的操作提示进行现金或刷卡缴费。

（7）银联 POS 终端刷卡。客户可持有银联标志的银行卡（包括信用卡）在供电营业厅（不含供电所）缴纳电费。

（8）电子渠道。"支付宝"App 和网站、电 E 宝、"网上国网"App、微信钱包、"国网河南电力公司"微信公众号。

（9）走收。个别区县、乡镇、偏远地区，仍有部分客户存在供电公司工作人员上门收取电费的情况。

注：微信、支付宝、"网上国网"App 等线上缴费渠道和国都、邮政、银行代扣等第三方代收渠道，因国网河南省电力公司线上渠道通信网络异常，造成部分客户缴费未能及时到账，系统将于 24h 之内对用户成功扣款且未入账的记录在营销业务应用系统内进行交易补录。若第三方渠道发送的对账文件中不包含此类客户交易信息，则由客户缴费渠道方对客户所交电费资金进行原路退回或其他方式进行处理，建议客户再次查询。

## 1.6.2  常见问题及回答

**【问题1】首次缴费是否必须去营业厅**

如果是供电公司的直供用户，首次缴费无指定缴费点，可通过任意正规缴费渠道缴纳电费。

**【问题2】怎么缴费方便呢**

可通过"网上国网"App、支付宝、云闪付、微信生活缴费或"国网河南省电力公司"微信公众号进行缴费。如果您不方便网上缴费，可以说一下在哪里住，可帮您核实离您家最近的营业厅。

# 1.7  业务场景七：错缴电费

## 1.7.1  基本知识

**【知识点1】错缴电费的解决方法**

（1）客户因自身原因缴错电费，例如缴费或办理代扣业务时输错户号等，由客户之间自行协商解决，供电公司仅协助处理。

1）若客户双方协商一致且要求从被缴错用户的供电账户上退费，则请双方提供所需材料后方可退费，所需材料（详见本场景【知识点2】）。

2）若客户双方无法达成一致，双方通过法律途径自行解决。

（2）因非客户原因造成缴错电费，例如供电营业网点工作人员操作失误等，网格经理接到客户反映此问题，应详细记录客户户号和错缴户号、缴费客户端渠道等相关信息，与客户协商具体处理方式。

【知识点2】居民客户因自身原因错缴电费至其他账户或企业，办理退费时需提供材料

（1）需提供材料。

1）客户身份证复印件一份。

2）退费户户主身份证复印件一份。

3）退费户的银行卡复印件并标明开户行名称。

4）需要退费户户主本人在退费申请书上签字确认。

（2）客户错缴电费到企事业单位的，除上述资料外，还需提供对方营业执照或机构代码复印件、法人身份证复印件各一份，同时需要企事业单位在退费申请单上加盖公司公章，盖章名称需与营销系统中户名一致。

（3）若客户自身有两个户号缴错户号（例如：缴费时点错），客户可去营业厅咨询或自行联系网格经理，协商具体处理方式及需要提供的资料。

注：地市差异部分按各地市规定执行。

【知识点3】非居民客户因自身原因错缴电费至其他账户，办理退费时需提供材料

（1）需提供材料。

1）客户营业执照复印件一份、法人身份证复印件一份、经办人身份证复印件一份、经办人联系方式、缴费凭证。

2）需取得错缴户号用户本人同意，并提供其户主的身份证复印件一份。

3）退费企业、客户的银行账户信息（含开户行、账户名称、账号、联行号）。

4）因退费涉及客户财产问题，客户需提交退费申请单说明退费情况，退费申请单上需加盖公司公章，盖章名称需与营销系统中户名一致。

5）开票单位、开票人、收款人签章需齐全。

6）对公单位退到对公基本账户中，个人直接退到个人账户。

7）从行政事业单位取得的收款收据必须印有财政部门的监制印章。

（2）客户错缴电费到企事业单位的需提供对方营业执照或机构代码复印件、法人身份证复印件各一份，同时需要企事业单位在退费申请单上加盖公司公章，盖章名称需与营销系统中户名一致。

注：地市差异部分按各地市规定执行。

**【知识点 4】非客户原因造成错缴电费至其他账户（如短信发送错误等原因导致错缴费），办理退费时需提供材料**

由供电公司工作人员协调客户双方提供所需材料进行退费处理，所需材料详见本场景【知识点 2】【知识点 3】。

**【知识点 5】办理退费不退现金的原因**

供电公司按照财务管理规定，不能坐支现金，收支两条线，会将费用退至客户银行卡上。

客户退费业务根据金额大小，供电公司内部进行逐级审批，由营业部门送交财务部门进行退费操作。如客户所提供的账户及附件信息完备，退费业务会尽快完成，客户可实时关注账户到账情况。

## 1.7.2　常见问题及回答

**【问题 1】客户反映退费时间过长**

您好，女士 / 先生，退费时间长给您造成的困扰我们深感抱歉，我们会尽力督促相关部门推送流程为您尽早完成退费。

【问题2】为什么退费不能退现金

您好，女士/先生，根据公司相关规定退费不退现金，如您提供的手续完备，退费业务会尽快完成，您可以实时关注银行账户到账情况。

# 1.8  业务场景八：电量突增

## 1.8.1  基本知识

【知识点1】电量突增的原因

（1）天气原因，极端天气时间较往年长。

（2）家中有孕产妇、新生儿、伤病者、老人等特殊人群。

（3）增加了地暖、空调、热带鱼鱼缸等电器。

（4）不正确的电器使用习惯，如电热水器、空调等温度的设定不合理，开闭电器采用遥控，而使得电器仍保持在待机状态。

（5）电能表故障。

（6）被窃电。

（7）家用电器故障、漏电。

【知识点2】电量突增时的分析方法

（1）工作人员应注意关注客户的电费组成，以及对应的用电时间月份，结合客户的用电情况与客户进一步分析确认。

（2）工作人员应查看客户的电费发票或近一年内的缴费记录情况，结合用电量情况进行解答。

（3）工作人员在分析了造成电量电费异常的可能原因后，如果客户仍存在质疑，工作人员进一步现场核实客户表计接线情况并告知可申请电能表校验。

## 1.8.2　常见问题及回答

**【问题1】客户反映电量突增，怀疑电能表采集有误**

您好，目前电能表数据均为智能终端采集，较为精准。请问您的户号是多少，我们帮您核对电能表底数，请问您的电能表号是××吗？您本月的结算示数为××，请您核对一下电能表实际读数。如仍对电能表采集有异议，可向供电公司提出校验申请。

**【问题2】客户反映电能表电量异常该怎么处理**

（1）您当月电费发票上阶梯电价是否已产生电量；最近家里是否增加或频繁使用大功率电器；最近家里是否有亲朋好友入住或是否家里有新生宝宝；您家是否之前并未实际入住或房屋承租人发生变化的情况，如上述情况都没有，先建议您把家中空气开关拉开，等待5～10min后观察电能表是不是仍继续计数或您可以请有资质的电工先帮您排查表后线路是否有偷电或漏电的情况，如确认为电能表问题，您可带上相关材料前往您所属的供电营业厅申请校表，或通过"网上国网"App线上申请校表。

（2）所需携带材料清单。

1）居民客户申请校表所需材料：①用户编号；②户主本人办理：户主本人有效身份证件；③非户主本人办理：户主本人有效身份证件及经办人有效身份证件。

可替代材料：①如无法提供用户编号可提供近期电费发票或电能表表号；②如无法提供经办人有效身份证和户主有效身份证时，可提供军人证、护照、户口簿或公安机关户籍证明等有效证件。

2）企事业单位客户申请校表所需材料：①用户编号；②经办人有效身份证明；③加盖单位公章的营业执照（或组织机构代码证）；④法人代

表有效身份证。

可替代材料：①如无法提供用户编号可提供近期电费发票或电能表表号；②如无法提供经办人有效身份证时，可提供军人证、护照、户口簿或公安机关户籍证明等有效证件；③如无法提供法人代表身份证时，可提供负责人有效身份证明或法人开具的委托书及被委托人有效身份证明。

# 1.9　业务场景九：智能缴费

## 1.9.1　基本知识

【知识点1】智能缴费策略介绍

远程费控/智能缴费系统是根据用电信息采集系统每天采集的电能表读数信息，自动测算客户剩余电费金额，与客户约定的报警金额等进行比较后完成预警、停电及复电指令的过程。

【知识点2】智能缴费的电费结算原则

智能缴费的结算原则是以营销业务应用系统的电费算法和记录的客户档案信息为依据。

（1）每日零点自动采集客户电能表示数并计算前一日电量、电费。

（2）按月计算的基本电费、变压器损耗电量电费、定量电费按日折算（营销基本费是发行当日计算自然月整个月的基本费，所以费控基本费在发行之后至月末，不再计算基本费）。

（3）功率因数调整电费不参与测算，在电费发行时计算到用户电费中。

（4）当客户缴费时，应根据最新一次抄表计算结果与最新余额发起余额实时测算（实行智能缴费之后，在进行电量电费计算时，会按照正常的阶梯或分时电价计算电量电费）。

**【知识点3】智能缴费的推广依据及相关要求**

智能缴费符合《河南省供用电条例》第四十一条规定"供用电双方可以协商选择采用预购电、预存电费、分期结算等方式缴纳电费。对于无正当理由拖欠电费的用电人，供电企业可以选择收费方式"，欠费用户在拒绝签订费控协议的情况下直接转为费控用户。

根据《河南省发展和改革委员会关于转发〈国家发展改革委关于印发北方地区清洁供暖价格政策意见的通知〉的通知》（豫发改价管〔2017〕1089号）规定：为准确区分供暖区执行范围，方便居民用户业务办理，电能表户主应实名办理调整手续，清算电费后即生效。电网企业要为其开通智能缴费业务，实现网上业务自助办理、阶梯基数自动调整、电量电费信息及时推送、在线预存交纳电费、远程自动停复电等功能。

**【知识点4】智能缴费推广执行时间**

自2015年1月开始面向社会推广智能缴费业务。

**【知识点5】电费预警短信的发送规则**

当客户的账户余额低于5（或7）天 × 日均电费或协议约定余额时，系统会自动发送电费预警短信。低压客户一般为5天，高压客户为7天。

**【知识点6】费控短信提醒的取消方法**

智能缴费客户无法退订短信。在余额不足、停电和复电时将会发送短信提醒。

**【知识点7】费控用户欠费时未停电的原因**

（1）用电信息采集系统发出停电指令失败。

（2）用户接收停电短信失败。

（3）费控装置出现故障。

（4）在保电期间。

### 【知识点 8】欠费停电的相关规定

停电一次短信发送成功 7 日后，客户电力账户余额仍小于 0 时，对远程费控客户实施停电。欠费停电方式分为自动停电和审批停电。

（1）自动停电。停电一次短信发送成功 7 日后，客户电力账户余额仍小于 0 且系统已给客户发送第二次停电提醒短信，在短信发送成功 30min 后仍未足额缴费，实施远程停电。

（2）审批停电。审批停电需工作人员审批通过后发送停电一次短信，如客户未足额缴费，系统将在 7 天后发送二次停电短信，在短信发送成功 30min 后仍未足额缴费，实施远程停电。

### 【知识点 9】费控用户交清欠费后超过 24h 未复电的解决办法

查询客户电费及违约金是否已结清，如已结清，排除客户内部故障原因。排除后，由供电公司人员处理。

### 【知识点 10】更换为智能缴费对抄表方式的影响

没有影响。远程费控功能是指借助信息通信技术，实现可用电费余额自动测算、余额信息自动预警、停复电指令自动发送的一种客户用电远程互动方式，对抄表方式、缴费方式不会造成影响。

## 1.9.2　常见问题及回答

### 【问题 1】智能缴费适用范围有哪些，能不能取消

您好，远程费控是国家发展改革委在全国推行的一项举措，所有客

户都在逐步实施费控管理模式。目前智能缴费客户可以通过"网上国网"App、"国网河南省电力公司"微信公众号、支付宝查询最新的电费情况，建议您继续使用。

**【问题2】智能缴费如何催费**

您好，一般情况为实行短信催费。在供电公司电话号码登记正确的费控客户，通过发送电费短信告知客户用电信息，一般不会收到纸质通知单。

在短信催费失败的情况下，如短信发送失败、系统自动停电失败时，若产生当月结算电费欠费，工作人员会通过电话或者上门送达纸质通知单的方式进行告知。

# 1.10 业务场景十：电费发票

## 1.10.1 基本知识

**【知识点1】增值税普通发票与专用发票的区别**

（1）增值税专用发票有三联：记账联、抵扣联和发票联；增值税普通发票有两联：记账联和发票联。

（2）增值税专用发票可用于抵扣客户购进货物的税款，而增值税普通发票只作为一般报销凭证。其中居民客户只能开具增值税普通发票（纸质版或电子版）。

**【知识点2】增值税普通发票开具方法及所需材料**

户主、租赁户均可持电费缴费凭证到营业厅或通过"网上国网"App开具增值税纸质普通发票（预交电费只开具电费收据）。

**【知识点 3】增值税专用发票开具方法及所需材料**

（1）增值税专用发票考据一般分为首次办理与非首次办理两种情况。其中，首次办理还需区分：户主办理增值税发票和租赁户办理增值税发票。户主是指所开具的增值税发票名称与系统户名相同的客户。租赁户是指总表客户是非一般纳税人，其生产场所全部租赁给一个经营者。

（2）首次办理。

1）所开具的增值税发票名称与系统户名相同的客户：一般需要客户提供税务登记证副本、银行开户名称、账号等资料办理。

2）租赁户。增值税票户名原则上应与电费账户的户名一致。如是租赁户要开具租赁户名称的增值税发票，各地市客户办理时有差异，有些地市需要客户办理更名过户手续，有些地市需携带相关材料办理。

3）用户高、低压新装工单未归档，用户档案信息未生成的情况下无法维护增值税信息，所以无法开具增值税专用发票，待用户档案信息生成后，前期收费项目可开具增值税专用发票（如高可靠性供电费）。

（3）非首次办理。有些地市需客户携带电费发票原件及相关资料到供电公司相关部门换开增值税发票，有些地市会直接将增值税发票送达客户。

注：地市差异部分按各地市规定执行。

**【知识点 4】"网上国网"App 电子发票开具操作方法**

（1）功能路径。"网上国网"App 首页选择"住宅"，点击"更多"—"查询"—"电子发票"。

（2）开具步骤。点击"户号绑定"—"系统对用户身份进行验证"—"开具发票"。

1）未绑定户号。点击"去绑定"，添加户号信息进行绑定，然后再进行开票。

2）已绑定户号。找到对应需要开具发票的户号—点击"开具发票"—"确认开票"。在"电子发票"找到已开具发票的户号，点击"领取发票"查看开票详情，继续点击"发票详情"可查看具体发票并下载PDF版本发票。

### 1.10.2 常见问题及回答

**【问题1】居民客户能开具发票的类型及开具方法**

居民客户只能开具增值税普通发票（纸质版或电子版）。

增值税纸质普通发票开具方法为：户主、租赁户均可持电费缴费凭证到营业厅或通过"网上国网"App开具增值税普通发票（预交电费只开具电费收据）。

**【问题2】预存电费，是否可以打发票**

您好，先生／女士，根据国家税务总局要求，我们只能对您本次缴纳的预存电费开具电费统一收据，不能直接开具发票。待月度结算电费后，将按当月实际发生的电量及电费情况开具发票，感谢您的理解和支持。

# 1.11 业务场景十一：客户信息查询

### 1.11.1 基本知识

**【知识点1】用电信息的查询渠道**

查询渠道包括"网上国网"App、"国网河南省电力公司"微信公众号或营业厅。

**【知识点 2】用电信息查询需提供信息**

（1）客户户号。

（2）客户姓名及家庭住址或客户预留的联系方式。

（3）电能表表号。

以上三种，任提供其一，即可查询客户用电信息。

**【知识点 3】日、月用量查询渠道和方式**

（1）查询渠道。"国网河南省电力公司"微信公众号或"网上国网"App。

（2）查询方式。

"国网河南省电力公司"微信公众号查询方式如下：

1）点击进入"电量电费可视化"图标按钮，进入电费电量可视化界面。

2）选择绑定的不同户号，可查询不同户号的电量电费。

3）下方电费信息列表点击可查询本月份的阶梯账单使用信息，点击"查询电费账单"文字进入查询本月份电子账单详情界面。

4）选择不同的年月可切换不同年月账单详情。

5）点击"日用电量"进入日电量详情界面，可选择"近 7 天"或"近 30 天"查询日电量列表详情，也可更换其他户号查询日用电量数据。

"网上国网"App 查询方式如下：

1）主页面点击"更多"按钮，进入全部功能页面，点击"查询"或下滑页面，找到电量电费图标，点击进入电量电费页面。

2）电量电费页面上端显示账户默认绑定的户主户号，若该账户绑定多个用电户号，可点击户主户号，进入选择用电户号页面，点击任意需要查询的户号，查询该户号电量电费情况。

3）电量电费页面默认显示该户号月度电费情况，可点击"日用电量"切换至日用电量页面，显示近 7 天的用电量情况，以折线图形式展示，向下滑动屏幕，页面显示前一天用电量明细情况（包括谷用电、平用电、峰用电、尖用电电量），以饼图形式展示，其他几天的用电量明细可通过点击日期查看。

4）"日用电量"页面内峰谷尖电量仅为参考数据，不是电费结算数据，电费结算数据以电费账单为准。

5）用户还可切换"近 30 天"电量信息，展示信息与"近 7 天"用电量明细相同。

6）"网上国网" App 日用电量信息每日零时更新，但因数据传输需要时间，故仅能查询当日两天前每日 0 ～ 24 时的用电情况。

## 1.11.2 常见问题及回答

【问题 1】客户信息提供错误

非常抱歉，您提供的信息与系统中查询到的不一致，为了保护客户用电信息安全，建议您可以找一个电费通知单、电费发票或供电公司发送的短信，获取正确的用户编号，或者查看电能表条形码附近 NO 开头的表号后再次来电查询。

【问题 2】客户提供信息不全或恶意套取客户信息

很抱歉，您查询的内容属于客户个人信息，为了保证客户的信息安全，我们无法为您提供查询服务，请您谅解。如果您有紧急需求，在您提供详细内容后可以帮您核对，感谢您的理解和配合。

## 1.12 业务场景十二：委托代扣及代收点收费

### 1.12.1 基本知识

【知识点1】银行代扣的适用范围

银行代扣适用范围：居民客户、低压非居民客户。

具体以银行可办理为准。

【知识点2】办理银行代扣需携带材料

办理银行代扣业务需要客户携带相关材料到银行柜台签订代扣协议。据了解，并非所有银行网点都能办理代扣手续，是否能办理代扣手续以及所需携带材料，以银行答复为准。生效时间以银行签约成功为准。

【知识点3】取消银行代扣需携带材料

客户需前往签约银行解除代扣协议，不需要前往供电营业厅办理。所需携带相关材料可咨询当地银行。生效时间以银行解除代扣时间为准。

【知识点4】银行代扣失败原因

（1）可能存在电费发行在先、客户办理银行扣款业务在后，导致银行未扣款。

（2）电费发行时银行账户余额不足也可能会导致无法扣款。

（3）如客户余额充足，则可建议客户向银行详细咨询。

【知识点5】银行代扣重复扣款的解决方式

直接与签约银行联系确认。

### 【知识点6】银行代扣凭证丢失的解决办法

客户丢失银行扣款凭证，可至开户行申请补办，具体办理方式以银行答复为准。

### 【知识点7】支付宝签约代扣介绍

客户和支付宝缴费平台签订电费缴费项目的代扣协议后，供电公司会在账单出账后通知支付宝根据客户默认的付款方式进行扣款操作。

### 【知识点8】支付宝缴费时间和到账时间

（1）缴费时间。每日23:00～次日5:00支付宝要进行对账，所以在此期间无法缴纳电费，其他时间可正常缴费。

（2）到账时间。使用支付宝缴费的客户，正常情况下缴费成功后即可查询到已经成功缴费，即实时销账。如未查询到缴费信息，可能是网络原因导致出现延迟，建议客户稍后再试。

### 【知识点9】支付宝缴费异常的处理方式

由于支付宝平台不属于供电公司维护范围，建议客户咨询支付宝客服95188进行专业解答。

## 1.12.2 常见问题及回答

### 【问题1】银行代扣延迟入账怎么办

您好，女士/先生，如果电力系统问题造成您所交电费未及时到账，系统将于24h之内对成功扣款且未入账用户的记录进行交易补录。如果无电力系统问题，供电公司未从银行侧转收到您的电费金额，系统查询不到您的缴费记录，建议您询问银行相关资金流向。

**【问题2】代扣费成功仍然停电**

很抱歉给您带来不便，请问您方便提供下您的户号吗？我帮您查询下代扣的电费是否到账。

（1）如电费未到账。请您耐心等待一下，稍后再次查询，若缴费未成功，代扣的费用将原路返回。

（2）若电费已到账。建议您排查家里开关是否处于跳闸状态，如非内部故障原因，我会安排工作人员进一步核实处理。

**【问题3】代收点收费后电费金额未到账**

您好，请提供下您的用户编号帮您确认一下。您好，经核实您的电费确未到账，建议您到代收点进行咨询。如需配合，请您再次与我联系。

# 1.13 业务场景十三：抄表周期

## 1.13.1 基本知识

**【问题1】银行代扣延迟入账怎么办**

您好，女士／先生，如果电力系统问题造成您所交电费未及时到账，系统将于24h之内对成功扣款且未入账用户的记录进行交易补录。如果无电力系统问题，供电公司未从银行侧转收到您的电费金额，系统查询不到您的缴费记录，建议您询问银行相关资金流向。

**【问题2】代扣费成功仍然停电**

很抱歉给您带来不便，请问您方便提供下您的户号吗？我帮您查询下代扣的电费是否到账。

（1）如电费未到账。请您耐心等待一下，稍后再次查询，若缴费未成功，代扣的费用将原路返回。

（2）若电费已到账。建议您排查家里开关是否处于跳闸状态，如非内部故障原因，我会安排工作人员进一步核实处理。

【问题3】代收点收费后电费金额未到账

您好，请提供下您的用户编号帮您确认一下。您好，经核实您的电费确未到账，建议您到代收点进行咨询。如需配合，请您再次与我联系。

### 1.13.2　常见问题及回答

【问题1】抄表周期调整后电费增多／减少怎么回事

电费是由上次抄表日与本次抄表日之间的累计电量计算，由于抄表周期调整，与上月抄表天数不同，导致电费增加／减少。

【问题2】"国网河南省电力公司"微信公众号可以查询准确的实时电量吗

（1）无法查询到实时电量电费，目前"国网河南省电力公司"微信公众号能查询智能缴费客户每日电能表示数（每日0时更新）和非智能缴费客户正常抄表周期的电量和电费。

（2）可告知客户通过自行读取电能表底数的方式来获取实时电量。

# 1.14　业务场景十四：农排灌溉

【知识点1】农排灌溉用电电价执行标准

目前河南省大部分农田排灌执行现行的一般农业生产电价。

**【知识点2】农业排灌缴费渠道**

"网上国网"App、电 e 宝、支付宝生活号、"国网河南省电力公司"微信公众号，营业厅。

**【知识点3】浇地卡退费处理方式**

（1）农田灌溉电子式预付费电能表升级为费控式农排终端，老卡不再使用，需要重新办理新卡，客户需到营业厅持身份证、户口本（若无户口本可携带房产证明或村委会出具的证明）到营业厅实名申请浇地卡，每个家庭原则上能免费办理一张浇地卡。

（2）老卡中余额可以进行退费，也可将余额调整至新卡，具体请详询当地营业厅，以当地营业厅解释为准。

（3）新卡中余额可进行退费，客户需携带电卡、身份证、银行卡号等相关信息去营业厅办理退费，一般在 1～2 月退费给客户，具体请详询当地营业厅，以当地营业厅解释为准。

# 1.15 业务场景十五：充电日电价电费优惠

## 1.15.1 基本知识

**【知识点】"网上国网"App"充电日"优惠活动的参与方式**

方式一：活动开展期间，登录"网上国网"App，点击"住宅（首页）"—"去缴费"按钮，金额满足要求即可参与活动。

方式二：活动开展期间，登录"网上国网"App，点击"住宅（首页）"，在"热门活动"—"更多"—"活动专区"点击"充电日"活动页面，金额满足要求即可参与活动。

## 1.15.2 常见问题及回答

【问题】交电费每个月有什么优惠政策吗？

您好，先生／女士，缴费的优惠政策会通过"网上国网"App 及时发布，建议您可以通过"网上国网"App 实时关注相关详情。

# 2 客户服务专业

注意事项：涉及现场服务行为的需佩戴行为记录仪。

## 2.1 业务场景一：现场停电报修

### 2.1.1 基本知识

【知识点 1】非直供户介绍

非直供户是指供电公司无法直接供电到终端，需由其他主体转供的客户。非直供户与供电公司并未建立直接的供用电合同关系，所产生的电费也不直接缴纳至供电公司，其电力供应、维护、收费均由双方商议确定。由于非直供户的用电来源于直供户在供电公司申请安装的专用变压器，在供电形式上易与直供户混淆，因此误向供电公司寻求帮助。非供电公司直接供电的客户不在供电公司服务范围内。

【知识点 2】故障分类

（1）按照设备产权属性不同，可分为供电企业产权故障和用电客户产权故障。

（2）按照危害程度不同，可分为单户、局部和大面积故障。

（3）按照故障电压等级不同，可分为高压故障和低压故障。

（4）按照故障区域不同，可分为城区范围、农村地区和特殊边远地区故障。

（5）按照故障类型不同，可分为高压故障、低压故障、电能质量和其他故障。其中，高压故障分为高压线路、高压变电设备、高压计量设备故障；低压故障分为低压线路、进户装置、低压公共设备、低压计量设备；电能质量分为供电电压、供电频率和供电可靠性。

（6）按照故障原因，可分为自然灾害、外力破坏、用电客户内部原因、过负荷、设备缺陷、设计及施工质量问题及其他故障原因。

【知识点3】故障报修的处理办法

（1）客户反映单户停电。首先确定客户是否为供电公司直供客户，如非直供客户，建议客户联系产权单位、物业或有资质的施工单位处理；若为供电公司直供客户，请客户提供户号查询是否欠费停电；若非欠费停电，请客户自行查看室内空气开关及表下线是否存在问题，均无问题的，抢修人员按照规定时间到达现场，客户经理在停电发生后及时联系客户，确定是否已恢复供电或者告知客户抢修进程。

（2）客户反映多户停电。首先确定该区域是否存在计划停电或故障停电，有计划停电或故障停电的告知预计恢复时间，无计划停电或故障停电的，抢修人员按照规定时间到达现场。

【知识点4】故障报修到达现场时限

供电公司提供24h电力故障报修服务，供电抢修人员到达现场的平均时间一般为：城区范围45min，农村地区90min，特殊边远地区2h。

文件依据：《国家电网有限公司供电服务"十项承诺"》。

## 2.1.2 常见问题及回答

**【问题1】我家怎么停电了**

您好，请问您是一户停电还是多户停电？

（1）若为一户停电。请您提供一下用户编号，我帮您查询。

1）如为非直供户。由于您属于非直供户，非供电公司服务范围，请您联系产权单位、物业或有资质的施工单位处理。

2）如为直供户：①查询到客户存在欠费信息：经查询，您的电费余额不足，已处于欠费状态，为了尽快恢复正常用电，请您及时缴纳电费；②查询到客户未欠费：请您自行检查室内空气开关是否跳闸，进户线是否存在故障（如松动、烧断等），若存在故障，依据产权划分，您反映的问题非供电公司服务范围内，请您自行联系有资质的电工处理；③以上情况均未发生：我们现在通知抢修人员到现场检查处理，请您保持电话畅通，稍后会有工作人员与您联系。

（2）若为多户停电。

1）如为非直供户。由于您属于非直供户，非供电公司服务范围，请您联系产权单位、物业或有资质的施工单位处理。

2）如为直供户。①查询到故障报修信息：经查询，您反映的停电问题已经有其他客户反映了，现已派出抢修人员，请您再耐心等待；②查询到故障停电信息：经查询，您反映的停电问题是因为××原因造成的，抢修人员正在抢修，预计××点送电，十分抱歉给您的生活带来不便，请您谅解；③查询到计划停电信息：经查询，您反映的停电问题，工作人员正在进行检修，预计××点送电，十分抱歉给您的生活带来不便，请您谅解；④若均未查到：我们现在通知抢修人员到现场检查处理，请您保持电话畅通，稍后会有工作人员与您联系。

**【问题2】我怎么看不到抢修人员**

（1）单户。看到您在××时间报修了自己家没电，现在已经派出抢修人员了，请您再耐心等待一下。

（2）多户。抢修人员正在沿线努力巡查故障，因线路较长，具体的故障点可能不在您的视线范围内，请您放心，工作人员正在全力抢修，一旦抢修完毕会立刻送电，十分抱歉给您的生活带来不便。

**【问题3】非直供户反映停电**

（1）非直供户来电，建议客户向供电（产权）方反映，由供电（产权）方工作人员直接向供电公司反映。话术如下：

首次告知：非常抱歉，我也很想帮您，您的电费不是直接交到供电公司的，为了您能尽快恢复供电，建议您先联系物业［或商场、园区（按照通话中客户实际表述为准］确认是否是内部资产故障导致停电。如果需要我们处理，请物业［或商场、园区（按照通话中客户实际表述为准）］直接和我们联系，他们问题描述更清楚，可以帮助我们快速排查故障。

再次解释：

1）没电确实不方便，我很理解您的心情。供电公司无权直接处理物业［或商场、园区（按照通话中客户实际表述为准）］资产，如果是物业［或商场、园区（按照通话中客户实际表述为准）］内部资产故障，他们收了您的电费，有义务维护好您的用电，还是建议您先联系供电方确认是否是内部资产故障导致停电，感谢您的理解。

2）客户表示产权方不作为。我很理解您的心情。供电公司没有执法权，不能管理您的物业［或商场、园区（按照通话中客户实际表述为准）］，建议您直接向有关部门反映。

3）客户有向政府主管部门升级投诉意愿。没电确实不方便，我很理解您的心情。按照法律规定，供电公司无权直接处理物业［或商场、园区（按照通话中客户实际表述为准）］资产，如果是物业［或商场、园区（按照通话中客户实际表述为准）］内部资产故障，他们收了您的电费，有义务维护好您的用电，还是建议您先联系供电方确认是否是内部资产故障导致停电，这样才能解决问题。

4）如客户表示不清楚直接供电（产权）方，可建议客户向其电费收取方、用电管理方或合同签订方（如物业／开发商）反映。

（2）以下三种情况，按照故障报修处理流程处理。

1）产权方（物业等）反映小区停电，需供电公司配合抢修。

2）非直供户反映现场故障可能危及公共及人身安全，请求供电公司协助处理。

3）大面积停电或非直供户已向产权人（物业）核实为供电公司责任故障的。

话术：我们现在通知抢修人员到现场检查处理，请您保持电话畅通，稍后会有工作人员与您联系。

# 2.2 业务场景二：家用电器损坏赔偿

## 2.2.1 基本知识

【知识点 1】家电赔偿定义

因电力运行事故引起城乡居民客户家用电器损坏，需要赔偿（含维修）的情况称为家电赔偿。其中，因不可抗力、第三方及用户自身原因引起的电力运行事故，供电公司不负赔偿责任。

【知识点 2】赔偿流程

低压、高压家电损坏—联系供电公司—现场核实责任归属—统计损坏量—保险公司出具保险维修单。

【知识点 3】电器损坏核损业务到达现场时限要求

电器损坏核损业务工作人员 24h 内到达现场。

【知识点 4】家用电器损坏维修后的保修期

保修期是指由于电力运行事故引起客户家用电器损坏，保险公司为客户维修完毕可正常使用后的质保期限。

注：因损坏的家用电器是由保险公司进行处理，若客户来电询问，网格经理应明确告知以客户与保险公司约定的保修期为准，保险公司应提供载明具体保修期限的保修卡。

【知识点 5】非供电公司原因引起的家用电器损坏判定依据

按产权分界进行划分，属客户产权线路故障引起的家用电器损坏由客户自行承担，属供电公司产权线路或设备故障引起的家用电器损坏由供电公司负责理赔、维修。

### 2.2.2　常见问题及回答

【问题 1】停电造成我家电器烧毁了怎么办

（1）供电公司电力线路故障导致电器烧毁。

话术：您好，先生 / 女士，请您提供一下用户编号、详细住址以及电器损坏发生的具体时间，保持电器损毁原状，我们马上派工作人员到现场为您核实。

（2）非供电公司电力线路故障导致电器烧毁。

话术：您好，先生／女士，电器损坏是何时发生的？经查询您所居住地址电力运行正常，无电力故障，您反映的家中空气开关跳闸很有可能是家里的线路出现故障或空气开关质量问题，依据产权划分，家用电器损坏问题应由您自行承担，建议您找社会有资质的电工进一步排查室内线路。

【问题 2】客户反映保险公司服务人员态度差

话术：您好，先生／女士，非常抱歉，我也很想帮您，但根据您的表述，您说的 ×× 人员并非供电公司工作人员，不过您请放心，您反映的保险公司工作人员态度差的问题，我已经记录下来了，我们会将相关情况转告保险公司，感谢您的监督与配合。

【问题 3】客户反映保险公司理赔不到位

话术：您好，先生／女士，非常抱歉，给您带来了不便，您反映的情况我已详细记录，我们会尽快调查核实具体情况。

# 2.3　业务场景三：低电压与频繁停电

## 2.3.1　基本知识

【知识点 1】电压质量标准

在电力系统正常状况下，供电企业送到用户受电端的供电电压允许偏差为 220V 单相供电的，为额定值的 +7%，-10%。

在电力系统非正常状况下，用户受电端的电压最大允许偏差不应超过额定值的 ±10%。

文件依据：《供电营业规则》。

**【知识点2】频繁停电定义**

指频繁停电或长期未得到改善、处理不彻底等问题（判定标准：供电公司产权区域近2个月内停电次数达到3次及以上）。

文件依据：《国网营销部关于执行95598业管办法有关事项补充说明的通知》（营销质量函〔2022〕8号）。

### 2.3.2　常见问题及回答

**【问题1】我家里经常停电怎么回事**

很抱歉给您带来不便，请提供下您的用户编号帮您查询下：

（1）如为非直供户：由于您属于非直供户，非供电公司服务范围，请您联系产权单位、物业或有资质的施工单位处理。

（2）如为直供户：很抱歉给您带来不便，频繁停电问题我们已记录并上报，会及时安排工作人员处理，并积极进行巡视与整改。

**【问题2】我家电压不稳怎么回事**

（1）如为非直供户。

话术：由于您属于非直供户，非供电公司服务范围，请您联系产权单位、物业或有资质的施工单位处理。

（2）如为直供户。

话术：很抱歉给您带来不便，您反映的电压不稳问题，我们已经受理，我会马上联系工作人员去现场测量。

1）经测量，符合电压质量标准。经现场测量，供电公司产权（电能表箱及以上）范围内的电压为××，符合国家电网规定，请您联系有资质的电工帮您排查下家中线路电压是否异常，感谢您的配合。

2）经测量，不符合电压质量标准：经现场测量，供电公司产权（电能表箱及以上）范围内的电压为××，确实存在不符合国家电网规定的现象，我们会马上为您处理，给您带来的不便，请您谅解。

# 2.4  业务场景四：青苗与占地赔偿

## 2.4.1  基本知识

【知识点1】电力施工造成客户青苗损害赔偿标准

根据《关于调整河南省征地区片综合地价标准的通知》（豫政〔2016〕48号）规定，地上附着物和青苗补偿费标准由各省辖市、省直管县（市）政府调整并公布。

注：地市差异部分按各地市规定执行。

【知识点2】征地及安置等补偿费用标准

《河南省供用电条例》第二十七条规定：电力设施建设项目取得建设工程规划许可证后，电力行政管理部门应当根据建设工程规划许可和电力设施保护范围的要求，依法确定电力设施保护区并予以公告和设立标志。在公告明示的电力设施保护区内，新种植物、新建或者扩建建筑物及构筑物，需要砍伐或者拆除的，不予补偿；公告前已有的植物、建筑物及构筑物，按照国家规定的设计规程和技术规范，需要修剪、砍伐或者拆除的，电力设施建设单位应当给予一次性补偿，并依法办理相关手续。

补偿的具体标准由省人民政府制定。

### 2.4.2 常见问题及回答

【问题】客户反映杆塔占地赔偿不到位

（1）未赔偿或赔偿金额与约定不一致。

话术：您好，请描述一下现场情况（如地段，青苗种类、数量等信息），您的情况我已详细记录，会督促相关单位尽快完成赔付。

（2）对赔偿金额不满意。

话术：您好，请描述一下现场情况（如地段，青苗种类、数量等信息），我会安排工作人员按照赔偿标准对现场情况进行核实。

1）已赔付到位。经核实，您描述的情况供电公司已经赔付到位，如您对此不认可，建议您通过法律途径解决。

2）未赔付到位。很抱歉，您的情况我已详细记录，会督促相关单位尽快完成赔付。

# 2.5 业务场景五：噪声与电杆迁移

## 2.5.1 基本知识

【知识点 1】电气安全距离的定义

为了防止人体触及或过分接近带电体，或防止车辆和其他物体触碰带电体，以及避免发生各种短路、火灾和爆炸事故，在人体与带电体之间、带电体与地面之间、带电体与带电体之间、带电体与其他物体和设施之间，都必须保持一定的距离。

注：高压线路并非碰到了才会对人体或物体放电，而是在无法满足最小安全距离后，会把空气击穿导致放电，从而造成人身伤亡和财产损失，不同电压等级最小安全距离不同。

## 【知识点 2】电力设施安全距离（见表 2-1）

表 2-1                    电力设施安全距离            （m）

| 电压等级 | | 1kV 以下 | 1 ~ 10kV | 35kV | 66 ~ 110kV | 154 ~ 220kV | 330kV | 500kV |
|---|---|---|---|---|---|---|---|---|
| 高压线与房屋（电缆线路）安全距离 | 水平距离 | 1 | 1.5 | 3 | 4 | 5 | — | 8.5 |
| | 垂直距离 | 2.5（2） | 3（2.5） | 4 | 5 | 6 | — | 9 |
| 电力设备与房屋安全距离 | 边线延伸距离 | — | 5 | 10 | 10 | 15 | — | 20 |
| | 水平安全距离 | 1 | 1.5 | 3 | 4 | 5 | — | 8.5 |
| | 垂直安全距离 | 2.5（2） | 3（2.5） | 4 | 5 | 6 | — | 9 |
| 线路安全距离（距地面） | 居民区 | 6 | 6.5 | 7 | 7 | 7.5 | 8.5 | 14 |
| | 非居民区 | 5 | 5.5 | 6 | 6 | 6.5 | 7.5 | 11（10.5） |
| | 交通困难地区 | 4（3） | 4.5（3） | 5 | 5 | 5.5 | 6.5 | 8.5 |
| 线路安全距离 | 导线的边线延伸距离 | 1 | 1.5 | 3 | 4 | 5 | 6 | 8.5 |
| 架空线路与树木安全距离 | 最大风偏距离 | — | — | 3.5 | 3.5 | 4 | — | 7 |
| | 最大垂直距离 | | | 4 | 4 | 4.5 | — | 7 |
| 施工安全距离 | 水平距离 | 1 | 1.5 | 3 | 4 | 5 | — | 8.5 |
| | 垂直距离 | 2.5 | 3 | 4 | 5 | 6 | — | 9 |

**注** 1. 括号内为绝缘线数值。

    2. 500kV 线路对非居民区 11m 用于导线水平排列，10.5m 用于导线三角排列。

**【知识点3】变压器噪声的相关规定**

《社会生活环境噪声标准》中规定：噪声值昼间55dB（A）、夜间45dB（A）以内为正常值范围，不会影响居民的正常生活。

**【知识点4】杆线迁移的适用对象**

对供电公司的供电设施有迁移需求的个人或单位（不局限于供电公司客户，非供电公司的客户也可以办理）。

**【知识点5】杆线迁移原则**

《供电营业规则》第五十三条规定：因建设引起建筑物、构筑物与供电设施相互妨碍，需要迁移供电设施或采取防护措施时，应当按建设先后的原则，确定其承担的责任。如供电设施建设在先，建筑物、构筑物建设在后，由后续建设单位承担供电设施迁移、防护所需的费用；如建筑物、构筑物建设在先，供电设施建设在后，由供电设施建设单位负担建筑物、构筑物迁移所需的费用；不能确定建设的先后，由双方协商解决。

## 2.5.2 常见问题及回答

**【问题1】变压器离我家太近了，有辐射怎么办**

话术：您好，依据《电力设施保护条例实施细则》，在厂矿、城镇、集镇、村庄等人口密集地区，10kV变压器的水平安全距离为1.5m，也就是说1.5m及以上的距离都是安全的。

变压器正常工作时的微量电磁波，也会随着距离增大而衰减；同时变压器的外壳也有接地保护，其外壳以及家中的墙体都是很好的屏蔽措施，对您的正常生活不会造成影响。

如客户强烈要求搬迁或要求供电公司到现场检测，话术为：请您提供变压器箱体上的编号或名称，或具体的地理位置，我会马上派人到达现场，根据相关业务规范处理。

【问题2】供电公司架设的变压器噪声很大，影响到我的正常生活了怎么办？

话术：您好，您反映的变压器噪声问题，我已经详细记录，请您保持电话畅通，我会马上安排工作人员到现场核实。

经测量符合标准：您好，根据《社会生活环境噪声标准》的规定：噪声值昼间55dB（A），夜间45dB（A）以内为正常值范围。经过测量，您家附近的噪声值为×dB（A），在正常范围内，不会影响正常生活，请您理解。

【问题3】客户反映电线杆或供电设备影响出行、风水或距离过近，要求迁移的处理方式

（1）先判断安全距离是否符合相关规定。

1）如客户认可安全距离的相关解释，按照以下内容答复。

话术：您好，××电压等级电线杆的安全距离为××，经过现场测量您家房屋距离电线杆的距离符合安全距离的规定，不会对您的正常生活造成影响，请您理解。

2）如客户不认可安全距离的相关解释，应礼貌告知客户供电公司对杆线建设应是符合当地规划部门要求的，也符合中华人民共和国电力行业标准。如客户确实感觉对其生活造成影响，建议客户办理杆线迁移手续。

话术：您好，供电线路建设时均经过规划部门的批准，符合中华人民共和国电力行业标准。如果您确实觉得供电线路妨碍您的生活，需要将其迁走，建议您到营业厅办理杆线迁移手续，但是否能迁移需现场勘查后确定。

（2）客户进一步询问迁移费用由谁承担。

话术：您好，根据《省发改委、省财政厅、省国土资源厅、河南电监办、省电力公司关于印发促进河南电网持续健康发展的意见》（豫发改能源〔2012〕1663号）规定：电力设施拆迁按照"谁提出，谁承担"原则支付拆迁费用。一般来说迁移产生的相关费用需由申请人承担。

【问题4】客户反映电线杆有安全隐患要求处理

话术：您好，请描述下现场的具体情况、电线杆具体的位置或电线杆上标注的线路名称及编号。

（1）现场无实际的安全隐患，应做好解释安抚工作。您好，高压线路与电线杆的连接处装有白色绝缘子，主要起绝缘隔离作用，同时电线杆是埋入大地，钢筋也起到接地的作用，所以不存在漏电的危险性。

（2）现场确实出现安全隐患（如线杆倾斜、裂纹、拉线松动等）。您描述的情况我已详细记录，会马上安排工作人员去现场进行核实处理，感谢您的监督与配合。

# 2.6　业务场景六：临时和计划检修

## 2.6.1　基本知识

【知识点1】临时检修的定义

临时检修是指事先无正式计划安排，但能提前24h得到批准并通知有关客户停电，主要包括应急工程、缺陷处理等临时检修停电、施工工作。

【知识点2】计划检修的定义

计划检修是指因为某种原因可能造成某地区范围内电力线路供电中

断，电力公司根据上级指示，在某时间段对特定地区内实行停电的措施。供电设施计划检修停电，必须提前 7 天向社会公告。

【知识点 3】停电信息发布的相关要求

《供电营业规则》第七十一条规定：因故需要中止供电时，供电企业应当按照下列要求事先通知用户或公告：

（一）因供电设施计划检修需要停电时，应当提前七日通知用户或公告；

（二）因供电设施临时检修需要停止供电时，应当提前 24h 通知重要用户或公告；

（三）发供电系统发生故障需要停电、限电或者计划限、停电时，供电企业应当按照标准的有序用电方案或限电序位执行，有序用电方案或限电序位应当事前公告用户。

【知识点 4】停电信息的发布渠道

（1）95598 智能互动网站（网页输入 95598 智能网站—停电公告查询）。

（2）"网上国网"App（手机下载"网上国网"App—电网检修信息）。

（3）95598 服务热线询问客服。

（4）"国网河南省电力公司"微信公众号（"国网河南省电力公司"微信公众号—豫电管家—电网检修公告）。

（5）发送短信（供电服务指挥平台系统提前根据属地单位营销台账进行短信推送，短信接收号码为营销档案中账务联系人优先级为 1 的手机号码，因客户更换手机号、为房屋租户等自身原因，会导致无法收到短信）。

（6）在涉及停电区域张贴公告。

### 2.6.2 常见问题及回答

【问题】我家附近怎么停电了

（1）计划检修 / 临时检修的情况。

话术：您好，因计划检修 / 临时检修造成您所在的区域供电中断，预计恢复送电时间为 ××，给您带来不便，请您谅解。

（2）故障检修的情况。

话术：您好，因故障检修造成您所在的区域供电中断，目前工作人员正在全力开展抢修，请您耐心等待，可通过微信群关注抢修进度及恢复送电时间，给您带来不便，请您谅解。

# 2.7　业务场景七：恶意套取客户信息

### 2.7.1 基本知识

【知识点】虚假诉求客户分类定义

虚假诉求客户是指通过 95598 服务热线、在线服务渠道等反映用电诉求，经工作人员现场核实不存在诉求反映事项或与客户反映诉求严重不符，实际是为达到催债、获取其他客户信息或解决其他与用电无关诉求的客户。

### 2.7.2 常见问题及回答

【问题】"虚假诉求"特殊客户报修停电

话术：您好，我曾多次接到您的异地报修电话，经工作人员现场核实均无故障发生，为有效利用抢修服务资源，给您提供更精准的抢修服务，建议您查询自己的客户编号或者告知详细的地址信息，确定故障情况后再进行报修，我会马上派人联系您处理。

# 2.8  业务场景八：杆塔上私自架线

## 2.8.1  基本知识

【知识点】杆塔上私自架线的处罚规定

（1）《电力设施保护条例》第十五条规定：任何单位和个人，不得擅自攀登杆塔或在杆塔上架设电力线、通信线、广播线、张贴广告。

（2）《电力设施保护条例》第二十八条规定：凡违反本条例规定而构成违反治安管理行为的单位或个人，由公安部门根据《中华人民共和国治安管理处罚法》予以处罚；构成犯罪的，由司法机关依法追究刑事责任。攀爬杆塔属于扰乱社会秩序行为，根据《中华人民共和国治安管理处罚法》，情节较重的可处五日以上十日以下拘留，可以并处五百元以下罚款。

## 2.8.2  常见问题及回答

【问题1】客户反映通信运营商或广电等设施架设在供电杆塔上存在安全隐患

话术：您好，感谢您向我们反映此情况，请您提供该电力设施具体位置，我会马上安排工作人员去现场核实处理。

【问题2】供电电杆迁移、改造是否会造成通信线路故障

话术：您好，若供电公司与外单位签有合同，进行电杆改造、迁移前，会提前通知外单位，做好施工准备，不会造成客户通信故障；若外单位未经供电公司允许，私自在供电公司产权的电杆上架设通信线路，出现任何故障，建议您联系通信产权单位处理。

# 2.9 业务场景九：电费催缴

## 2.9.1 基本知识

【知识点】催费方式

（1）电费发行当天对当月电费电量以短信方式（仅对已订阅短信提醒的客户）提醒客户。

（2）月中对当月尚未缴费的客户以电话、短信或粘贴"电费催交通知单"等方式提醒客户。

（3）根据客户分类及电费风险提前 7 天对仍未缴费的用户以发送短信或电话通知或现场形式送达"停电通知书"。

（4）对停电通知单到期仍不缴纳电费的客户，在停电前 30min，将停电时间再通知用户一次，方可在通知规定时间实施停电。

其流程如下：

（1）停复电人员统计需实施停电催费的欠费客户清单，向相关工作人员提出停电申请，审批后实施停电。

（2）客户到营业厅交清欠费、违约金后，客户拨打网格经理电话，工作人员根据实际情况，在客户相关费用结清后及时恢复送电，时限 24h 之内。

（3）对现场停电后仍不交纳电费的客户，现场检查客户是否私自复电，对发现私自复电的再次实施停电，对两次以上私自复电的实施暂拆电能表。

### 2.9.2 常见问题及回答

**【问题1】客户反映张贴电费催缴通知单给客户造成困扰**

话术：您好，张贴电费催交通知单，对您的生活产生了影响，我们为此表示歉意，前期我们通过电话、短信的方式联系您缴费，但是您并未缴费，所以采取了张贴电费催交通知单的方式，请您谅解。为避免欠费停电造成您生活不便，请您关注手机短信并及时交纳电费，感谢您的配合。

**【问题2】客户反映未收到催费或停电通知被停电**

话术：您好，请您提供一下预留电话信息，这边帮您核实一下是否一致。

（1）若一致：请您关注一下接收短信当天手机是否欠费停机。

（2）若不一致。请问您是否更换过手机号码呢？

1）若更换。我们是依据您在办理装表时预留的电话号码进行通知的，如果您的电话号码不属于河南或进行过更换，就无法接收到通知，请告诉我您新的联系方式，我帮您更改信息。

2）若未更换。查询系统核实短信发送记录、引导客户核实短信是否在垃圾短信中，或重新发送短信帮助客户排查未收到短信原因。

**【问题3】客户反映银行代扣账户有余额仍被催交电费**

话术：您好，由于您是银行代扣签约账户，建议您联系绑定银行核实未扣费原因。

**【问题4】客户反映缴费后仍被催交电费**

话术：您好，给您带来不便请您谅解，请提供下您的用户编号，我帮您查询一下。

（1）电费已到账。您好，先生／女士，经查询您的电费已到账，请您无需担心。

（2）电费未到账。很抱歉，先生／女士，经查询您的电费未到账，请您耐心等待一下，稍后再次查询，若缴费未成功，缴纳的费用将原路返回。

# 2.10　业务场景十：服务平台异常

【问题】服务平台系统出现异常

话术：（1）平台检修。您好，可能您查询的系统正在检修，请您稍后重试，若您需要查询某些用电信息，请提供下您的用户编号，我们帮您查询。

（2）其他原因。请您描述一下具体的异常情况，您反映的问题我已详细记录，会立即反馈至相关部门解决，给您带来不便，敬请谅解。若您需要查询某些用电信息，请提供下您的用户编号，我们帮您查询。

# 3 计量管理专业

## 3.1　业务场景一：电能计量装置

【知识点1】电能计量装置的定义

由各种类型的电能表或与计量用电压、电流互感器（或专用二次绕组）及其二次回路相连接组成的用于计量电能的装置，包括电能计量柜（箱、屏）。

文件依据：《电能计量装置技术管理规程》（DL/T 448—2016）

【知识点2】电能计量装置的分类

运行中的电量计量装置按其所计量电能量的多少和计量对象的重要程度分为五类（Ⅰ、Ⅱ、Ⅲ、Ⅳ、Ⅴ），分类细则及要求如下：

Ⅰ类电能计量装置：220kV及以上贸易结算用电能计量装置，500kV及以上考核用电能计量装置，计量单机容量300MW及以上发电机发电量的电能计量装置。

Ⅱ类电能计量装置：110（66）～220kV贸易结算用电能计量装置，220～500kV考核用电能计量装置，计量单机容量100～300MW发电机发电量的电能计量装置。

Ⅲ类电能计量装置：10 ～ 110（66）kV 贸易结算用电能计量装置，10 ～ 220kV 考核用电能计量装置，计量单机容量 100MW 以下发电机发电量、发电企业厂（站）用电量的电能计量装置。

Ⅳ类电能计量装置：380 ～ 10kV 电能计量装置。

Ⅴ类电能计量装置：220V 单相电能计量装置。

文件依据：《电能计量装置技术管理规程》（DL/ T 448—2016）。

## 【知识点 3】各类电能计量装置配置准确度等级的要求

（1）各类电能计量装置应配置的电能表、互感器准确度等级应不低于表 3-1。

表 3-1　　　各类电能计量装置应配置的电能表、互感器准确度等级

| 电能计量装置类别 | 准确度等级 | | | | | |
|---|---|---|---|---|---|---|
| | 电能表（2013 版） | | 电能表（2020 版） | | 电力互感器 | |
| | 有功 | 无功 | 有功 | 无功 | 电压互感器 | 电流互感器* |
| Ⅰ | 0.2S | 2 | D | 2 | 0.2 | 0.2S |
| Ⅱ | 0.5S | 2 | C | 2 | 0.2 | 0.2S |
| Ⅲ | 0.5S | 2 | C | 2 | 0.5 | 0.5S |
| Ⅳ | 1 | 2 | B | 2 | 0.5 | 0.5S |
| Ⅴ | 2 | — | A | — | — | 0.5S* |

注　2020 版与 2013 版精度等级对应关系为：A 级对应 2 级，B 级对应 1 级，C 级对 0.5S，D 级对应 0.2S。

*发电机出口可选用 S 级电流互感器。

（2）电能计量装置中电压互感器二次回路电压降应不大于其额定二次电压的 0.2%。

文件依据：《电能计量装置技术管理规程》（DL/ T 448—2016）

## 【知识点4】电能计量装置现场检验

电能计量装置现场检验是在安装现场,为检验电能计量装置性能而进行的试验。

现场检验包括:在运行工况下实施的电能表工作误差、互感器二次实际负荷、电压互感器二次回路压降试验;在非运行工况下实施的电流互感器、电压互感器试验;设备外观、封印完整性、接线正确性等项目的检查。

文件依据:《电能计量装置现场检验规程》(DL/T 1664—2016)。

## 【知识点5】现场检验时,应检查哪些不合理的计量方式

(1)电流互感器的变比过大,导致电流互感器经常在20%(对于S级电流互感器为5%)额定电流以下运行。

(2)电能表接在电流互感器非计量二次绕组上。

(3)电压与电流互感器分别接在电力变压器不同侧。

(4)电能表电压回路未接到相应的母线电压互感器二次上。

文件依据:《电能计量装置现场检验规程》(DL/T 1664—2016)。

## 【知识点6】计量装置校验收费的规定

对于客户提出计量装置准确性异议的,按照"谁委托、谁付费"的原则,检定费由委托方支付;如计量装置经检定确有问题,由供电企业承担检定费用,并免费为客户更换合格的计量装置。

## 【知识点7】计量装置失准时退补电量的相关规定

(1)由于计费计量的互感器、电能表的误差及其连接线电压降超出允许范围或其他非人为原因致使计量记录不准时,供电企业应按下列规定退补相应电量的电费:

1）互感器或电能表误差超出允许范围时，以"0"误差为基准，按验证后的误差值退补电量。退补时间从上次校验或换装后投入之日起至误差更正之日止的二分之一时间计算。

2）连接线的电压降超出允许范围时，以允许电压降为基准，按验证后实际值与允许值之差补收电量。补收时间从连接线投入或负荷增加之日起至电压降更正之日止。

3）其他非人为原因致使计量记录不准时，以用户正常月份的用电量为基准，退补电量，退补时间按抄表记录确定。

退补期间，用户先按抄见电量如期交纳电费，误差确定后，再行退补。

（2）用电计量装置接线错误、熔断器熔断、倍率不符等原因，使电能计量或计算出现差错时，供电企业应按下列规定退补相应电量的电费：

1）计费计量装置接线错误的，以其实际记录的电量为基数，按正确与错误接线的差额率退补电量，退补时间从上次校验或换装投入之日起至接线错误更正之日止。

2）电压互感器熔断器熔断的，按规定计算方法计算值补收相应电量的电费；无法计算的，以用户正常月份用电量为基准，按正常与故障月的差额补收相应电量的电费，补收时间按抄表记录确定。

3）计算电量的倍率或铭牌倍率与实际不符的，以实际倍率为基准，按正确与错误倍率的差值退补电量，退补时间以抄表记录为准确定。

退补电量未正式确定前，用户先按正常月用电量交付电费。

文件依据：《供电营业规则》。

## 【知识点 8】电能计量装置哪些部位应加封

（1）电能表两侧表耳。

（2）电能表尾盖板。

（3）电能表模块封（编程小门封）。

（4）试验接线盒盖板。

（5）电能表箱（柜）门锁。

（6）互感器二次接线端子。

（7）互感器柜门锁。

**【知识点9】低压用户电能计量装置现场巡视的相关要求**

（1）低压用户电能计量装置是指安装在低压用户现场的计量箱（柜）以及计量箱（柜）内的电能表、互感器、隔离开关、断路器、采集终端以及连接导线。

（2）现场巡视分为周期巡视、临时巡视、特别巡视三类，巡视人员以计量装置设备主人为主，其他现场作业岗位人员作为补充。

1）周期巡视至少应每年开展一次。

2）临时巡视。设备主人或其他工作人员在装表接电、采集运维、现场检验、用电检查等工作过程或日常路途中，应同步开展现场巡视工作，记录作业现场及周边发现的计量装置缺陷。

3）特别巡视。作为周期巡视、临时巡视的补充，设备主人在下列情况下应开展或组织开展特别巡视：①一季度内同一台区发生两次及以上计量类客户投诉、电能表烧毁、计量箱烧毁；②同一台区的计量装置存在两处及以上错接线或影响安全的计量装置缺陷；③可能对计量装置安全运行产生重大影响的重大灾害前后；④所在单位或设备主人认为需要开展特别巡视时。

文件依据：《国家电网有限公司低压用户电能计量装置设备主人制管理办法》[国网（营销/3）958—2019]。

# 3.2 业务场景二：电能表

## 3.2.1 基本知识

【知识点 1】电能表校验

（1）根据国家电网有限公司供电服务"十项承诺"第七条规定：受理客户计费电能表校验申请后，应在 5 个工作日内出具检测结果。

（2）如计费电能表的误差超出允许范围时，除退还验表费外，并应按《供电营业规则》第八十条二规定退补电费。

（3）用户对检验结果有异议时，可通过向供电企业上级计量检定机构申请检定。用户在申请验表期间，其电费仍应按期交纳，验表结果确认后，再行退补电费。

文件依据:《国家电网有限公司供电服务"十项承诺"》《供电营业规则》。

【知识点 2】电能表校验渠道

"网上国网"App、供电营业厅、政务服务渠道。

【知识点 3】电能表安装运行后，客户应承担哪些责任?

《供电营业规则》第八十条规定：安装在用户处的电能计量装置、电能信息采集装置，用户应当妥为保护，不得存在妨碍抄表、运行维护或者影响计量准确、安全和数据传输的行为。如发生计费电能表丢失、损坏或过负荷烧坏等情况，用户应当及时告知供电企业，以便供电企业采取措施。如因用户原因引起的，用户应当负担赔偿费或修理费；其他原因引起的，供电企业应当负责换表，不收费用。

### 3.2.2 实操方法

**【知识点 1】电能表现场排查内容**

（1）基本信息核对。电能表表号、地址、表计现场示值是否与系统一致。

（2）外观检查。表箱有无人为破坏、电能表显示是否黑屏、有无报警、封印有无拆封痕迹，表前是否存在跨越供电，中性线、相线（单相表），相线、中性线（三相表）是否接反。

（3）电压电流检测。系统发现有开盖记录、零度户，或存在三相不平衡、失压、断相、逆相序现象等异常电能表，应用万用表、钳形电流测量所获得的电压、电流数据，与电能表显示电压数值、电流数值、电压电流相位角及功率因数进行比对、判断。

（4）接线检测。

1）单相表。排查是否存在一相一地用电情况。对于单相电能表、三相电能表同时入户的用户，排查是否存在户内两块电能表的中性线、相线串用，造成电能表不计或少计的情况。

2）三相表。检查电压线是否存在虚接，造成一相或多相无电压；检查电压线、电流线是否相序接反，电流、电压不同相，进出线反接，中性线与相线不接表，电压回路接线不可靠，互感器二次线经接线盒后，连接片应打开的未打开、应短接的未短接，电流回路接入其他用电，造成人为分流等现象。

**【知识点 2】电能表显示常见问题有哪些**

（1）2009、2013 版标准电能表（智能表）故障显示如下：

故障代码 Err-01：控制回路错误。

故障代码 Err-02：ESAM 错误，注意插卡芯片是 ESAM。

故障代码 Err-03：预付卡初始化错误。

故障代码 Err-04：电池欠电压，电能表内部电池没有电。

故障代码 Err-05：内部程序错误。

故障代码 Err-06：存储器故障或损坏。

故障代码 Err-07：时钟故障。

（2）2013 版标准电能表（本地表）故障显示如下：

故障代码 Err-31：电能表故障［表计电压过低、操作 ESAM 错误、ESAM 复位错（ESAM 损坏或未安装）］。

故障代码 Err-32：无效卡片［卡片复位错误（卡损坏或不明类型卡，如反插卡、插铁片等）、身份认证错误（通信成功但是密文不匹配）、外部认证错误（通信成功但是认证不通过）、未发行的卡片（读卡片时返回6B00）、卡类型错误、卡片操作未授权（密钥状态不为公钥时插参数预置卡）、MAC 校验错误］。

故障代码 Err-33：卡与表不匹配（表号不一致、客户编号不一致、卡序列号不一致）。

故障代码 Err-34：售电操作错误（卡片文件格式不合法、购电卡插入未开户表、补卡插入未开户表、购电次数错误、用户卡返写信息文件不为空）。

故障代码 Err-35：接触不良（操作卡片通信错误、提前拔卡）。

故障代码 Err-36：超囤积（剩余金额超囤积）。

（3）2020 版标准电能表故障显示如下：

符号"⊠"表示电池欠电压。

符号"⬅▪▪"表示反向用电方向。

符号"👓"表示仪表处于红外认证有效状态。

符号"📞"表示当仪表进行红外通信和 485 通信时，该话筒显示。

符号"🏠"显示为测试密钥状态，不显示为正式密钥状态。

### 【知识点 3】智能电能表现场常见故障

智能电能表现场常见故障主要有电池欠电压、电源故障、计量失准、电量异常、时钟错误、通信故障、显示故障、跳 / 合闸失败、外观故障等。

（1）电池欠压。时钟电池欠压。

1）故障现象描述。电能表上电后，电池欠电压后液晶屏上显示"⊠"图标。

2）故障原因分析。电池质量不佳、电池钝化或接触不良、电能表软 / 硬件缺陷或故障，导致掉电后功耗过大。

3）故障诊断排查。检查电能表是否显示电池欠电压报警图标；电能表掉电后按键 5 次，检查电能表是否能正常显示。

4）故障修复处置。内置时钟电池欠电压的电能表应更换；当电能表外置时钟电池欠电压时，更换电池即可。

（2）电源故障。

1）故障现象描述。电能表上电后液晶无显示或反复重启，电能表处于停止工作状态。

2）故障原因分析。电压、雷击、故障接地等异常工况造成；电能表供电回路元器件质量或工艺不佳；热敏电阻动作导致电能表供电模块进入保护模式。

3）故障诊断排查。若上电时电能表显示正常，则可排除电源故障；若上电无显示，但掉电后按键 5 次后可显示，则为电能表电源故障。若按键 5 次后也无显示，可抄读电能表数据，若抄读不成功，则为电能表电源故障，若抄读成功，可排除电能表电源故障，判断为电能表显示故障。

4）故障修复处置。电源故障电能表应更换，并进行电量追（退）补。

（3）计量失准。

1）故障现象描述。电能表计量电量异常增大或减少；电能表在有电压无用电负荷情况下，出现走字（潜动）现象；电能表正常走字，但脉冲灯不亮或常亮，或者闪烁频率与电能表实际功率不一致。

2）故障原因分析。电能表内计量回路故障；电能表内校表参数丢失或错误；电能表因烧表、电磁干扰、窃电等外部因素导致计量异常；电能表脉冲输出回路故障。

3）故障诊断排查。电能表带负荷时不走字，可判断为停走；电能表电压、电流或功率与实际负荷不符且电量快速增加，判断为电能表飞走；检测电能表误差超差，判断为电能表计量异常；电能表无负载电流的情况下继续走字，判断为电能表潜动；单相电能表中性线、相线电流不一致且电能表有开盖记录，可判断为疑似窃电。检查电能表封印、合格证、外壳等是否有破损痕迹，或电能表电流与实际用电负荷不符时，判断为窃电。

4）故障修复处置。计量失准的故障电能表应更换，并进行电量追（退）补；若确定为用户窃电，应做好现场窃电取证。

（4）电量异常。

1）故障现象描述。电能表出现电量清零、乱码、倒走等情况；电能表突然出现电量丢失，或本期结算电量小于上期结算电量；电能表分费率电量示值之和与总电量示值差异较大。

2）故障原因分析。电能表电量存储逻辑存在漏洞。电能表电池欠压或异常复位情况下，软件无容错机制，造成电能表电量累加或存储异常；电能表存储芯片或其周边电路元器件故障失效；电能表存储芯片内电量数据丢失、电解电容等供能元器件故障导致数据存储不全。

3）故障诊断排查。从零电量出现时间与清零事件时间的匹配度判断是否为人为清零。无清零记录则为电能表故障导致清零；冻结电量数据存在非法字符，可判断为电量乱码；冻结电量随时间推移而减少，可判断为电量倒走。

4）故障修复处置。电能表电量清零处置，若有窃电嫌疑，则做好现场窃电取证，否则更换故障电能表；电量异常的电能表电量应更换，并进行电量追（退）补。

（5）时间错误或乱码。

1）故障现象描述。电能表时钟与标准时钟相差大于5min，或电能表时间出现非数字字符以及非时间格式。电能表时钟不准影响电量冻结和线损计算。时钟乱码还影响电能表带时标的操作，如数据冻结、事件记录、电能表跳合闸等。

2）故障原因分析。当电能表时钟电池欠电压且发生掉电时，电能表时钟无工作电源，造成时钟超差或乱码；电能表时钟芯片或晶振等元器件损坏。

3）故障诊断排查。检查电能表时钟是否异常。

4）故障修复处置。国网13版和20版电能表出现时钟异常时，可进行远程校时恢复；无法校时的电能表应更换。

（6）通信故障。

1）RS485通信故障。

①故障现象描述：RS485端口通信失败。

②故障原因分析：RS485接口接触不良或通信线断裂，RS485芯片或周边回路故障，RS485芯片供电异常，通信参数设置错误。

③故障诊断排查：查看RS485端口有无损坏，螺钉是否松动或锈蚀；查看RS485通信线是否断裂或接触不良；检测RS485端口是否异常。

④故障修复处置：若RS485接口松动或锈蚀，则紧固或更换接口螺钉；若RS485通信线故障，则更换通信线；若为RS485电路故障，则更换电能表。

2）红外通信故障。

① 故障现象描述：电能表红外通信失败。

② 故障原因分析：电能表红外通信电路损坏，电能表单片机与红外电路通信异常。

③ 故障诊断排查：通过红外抄读电能表数据失败。

④ 故障修复处置：红外故障电能表应更换。

3）通信模块故障。

① 故障现象描述：电能表远程采集数据失败。

② 故障原因分析：通信模块故障、通信模块供电回路故障、通信模块接口损坏。

③ 故障诊断排查：上电检查通信模块指示灯是否正常，若常亮则可判断为通信模块故障；带电热插拔通信模块，检查模块插接口是否正常，重新插接后，通信模块接收和发送指示灯是否交替闪烁一次，无交替闪烁，则为载波模块故障，若指示灯不亮，则为电能表供电故障；用外设检测通信模块通信是否正常。

④ 故障修复处置：若为载波模块故障，则更换载波模块；若为电能表故障，则更换电能表。

（7）显示故障。

1）故障现象描述。电能表液晶屏无显示或出现花屏、白屏、漏液、缺笔画等问题。

2）故障原因分析。液晶屏由于挤压、震动、敲击等外力原因导致漏液，高温、暴晒导致液晶偏振片老化，淋雨、水灾导致进水等；液晶芯片供电故障，或液晶芯片及其周边电路故障。

3）故障诊断排查。检查液晶屏是否有白屏、黑屏、花屏、漏液或缺笔画等现象。

4）故障修复处置。显示故障电能表应更换。

（8）跳／合闸失败。

1）故障现象描述。电能表不能正常执行跳、合闸命令，或本地电费低于设定的停电金额，电能表不能正常跳闸；电能表在未接到跳闸命令或电费余额高于设定的停电金额的情况下自动跳闸。

2）故障原因分析。继电器或其控制电路故障；通信参数设置错误；ESAM 芯片及其周边电路故障，或电能表处于公钥状态；电能表处于保电状态或处于跳闸延时状态。

3）故障诊断排查。电能表跳（合）闸不成功，首先应排除通信问题、参数问题、是否处于保电或跳闸延时状态。若无上述情况，则按以下方式排查：

检查电能表是否有电源故障或时钟错误；若供电和时钟均正常，下发跳（合）闸指令，判断电能表是否正确执行指令；若电能表合闸不成功且跳闸灯闪烁，可长按键 3s 使电能表合闸，若仍无法合闸，则为电能表故障；若电能表无故跳闸，可通过拉闸事件记录核实是否存在此类异常，如有异常，则判断电能表故障。

4）故障修复处置。核对参数，确保参数无误后，测试跳（合）闸功能；因通信故障、电源故障或时钟乱码导致跳闸不成功，按通信、电源故障处置方法或时钟乱码处置方法处理；因电能表故障导致跳闸不成功，应更换故障电能表。

（9）死机。

1）故障现象描述。在通电或带负荷状态下，电能表按键无法实现翻屏，脉冲灯常亮或不亮，停止计量、通信失败。

2）故障原因分析。外界电磁干扰或工艺原因等造成电能表 MCU 异常，电能表软件设计存在漏洞。

3）故障诊断排查。电能表带负荷时，屏幕有显示，但脉冲灯不闪烁，按键无反应，可判断为死机。

4）故障修复处置。发生死机的电能表应更换，并进行电量追（退）补。

（10）烧表。

1）故障现象描述。电能表端子发热起火或整表烧毁，包括中性线端子和相线端子发热、模块接口发热等。

2）故障原因分析。火灾、雷击、电网冲击电压等外部因素导致电能表烧坏；电能表接线端子松动或接触不良，导致发热烧表；共中性线导致中性线电流过大烧表；用户负荷过大导致端子发热烧表；通信模块功耗过大导致模块接口发热烧表。

3）故障诊断排查。查看电能表外观、接线端子、模块接口等是否有烧痕，若有可判断为电能表烧表。

4）故障修复处置。发生烧表的电能表应更换，并进行电量追（退）补。

（11）外观故障。

1）故障现象描述。电能表外壳或接线端子破裂、不完整、严重脏污等；电能表液晶屏碎裂；电能表封印或合格证被破坏或缺失。

2）故障原因分析。外部环境恶劣、火灾等影响造成外壳严重脏污；外力造成的外壳或液晶屏损坏；用户窃电或其他蓄意破坏电能表的行为。

3）故障诊断排查。电能表外观不完整，严重脏污、封印或者合格证损坏等。

4）故障修复处置。若外观故障影响电能表正常使用，应更换电能表。

## 【知识点 4】电能表换装的注意事项

（1）高压客户。高压客户计量装置换装应提前预约，并在约定时间内达到现场。换装后应请客户核对表计底数并签字确认。

（2）低压客户。低压客户电能表批量换装前，应至少提前 3 天在小区和单元张贴告知书，或在物业公司（居委会、村委会）备案，零散换装、故障换表可提前通知客户后换表；换装电能表前应对装在现场的原电能表进行底度拍照，换表后应请客户核对表计底度并签字确认，拆回的电能表应在表库至少存放1个抄表或电费结算周期。

文件依据：《供电服务标准》（Q/GDW 10403—2021）。

### 3.2.3　常见问题及回答

【问题1】客户反映电能表着火

话术：您好，先生／女士，请您不要靠近着火点，确保自身安全。请您提供用电户号及用电地址，工作人员会第一时间赶往现场，统计计量装置受损情况。若需要更换电能表，工作人员会与您协商确定更换时间。

【问题2】客户反映换表后电量增加

（1）您好，先生／女士，智能电能表的计量精度和准确度严格执行国家标准，经过非常严格的检测程序合格后才能安装。用电量由您现场实际用电需求决定，换表本身不会造成用电量差异。

（2）如您感觉智能电能表换装后电量增加，可能存在以下几种原因：

1）轮换安装智能电能表时可能正遇到季节、气候的变化，如冬、夏季节，用户空调、取暖器等的使用可能导致家庭电费的自然增长。

2）家用电器负荷最近确实有增加。

3）原来使用的电能表有的属于机械电能表或电子电能表，因电能表部分器件机械磨损等原因存在少计电量情况。使用智能电能表后，相较原有的非智能表准确度更高，微小电量也能计量出来，造成电费上涨的假象。

4）部分居民的用电习惯不科学，如热水器常开因保温因素导致不断起停而不断耗电，同时家用电器的不断老化也会导致耗电量增加。

5）轮换安装智能电能表后抄表时间可能会推迟，影响了抄表当月的用电量。

6）客户心理因素造成的，建议客户在与上月或近期电费比较的同时，与同期也进行比较，综合分析不同时期、月份的用电负荷。

（3）若经排查后，客户仍对电能表计量准确性存在疑问，可以向供电营业厅提出申请校验。

# 3.3 业务场景三：计量箱

## 3.3.1 基本知识

【知识点1】低压计量箱的巡视检查要点

（1）不需开箱的巡视应检查以下内容：

1）计量箱外观是否良好，安装是否牢固。

2）计量箱封印、锁具是否齐全。

3）计量箱安装位置、环境是否符合要求。

4）计量箱可视区域内部是否存在杂物。

5）金属计量箱接地是否可靠。

6）卡表、本地费控表电卡插槽是否存在异物。

（2）需开箱的巡视应在不开箱检查内容的基础上，增加以下检查内容：

1）隔离开关、断路器是否良好。

2）电能表、终端、互感器安装是否牢固，接线工艺是否符合要求。

3）计量箱内部是否存在杂物。

4）电能表和终端封印是否破损，显示屏是否存在异常。

5）根据巡视目的而增加其他巡视项目。

文件依据:《国家电网有限公司低压用户电能计量装置设备主人制管理办法》[国网（营销 /3）958—2019]。

**【知识点 2】低压计量箱需要开箱检查的情况**

（1）发现计量箱封印缺失、计量箱内存在严重安全隐患。

（2）结合开箱工作的临时巡视。

（3）根据巡视目的需开箱才能完成的特别巡视。

文件依据:《国家电网有限公司低压用户电能计量装置设备主人制管理办法》[国网（营销 /3）958—2019]。

**【知识点 3】计量箱故障分类**

（1）危急缺陷。计量箱、导线、设备出现严重老化、发热、破损现象等直接影响运行安全和计量准确性的缺陷。

1）计量箱整体破损、严重锈蚀、箱体不完整或存在其他安全隐患等情况。

2）计量装置安装不牢固。

3）计量箱配线、接线端子、隔离开关、断路器等电气连接部分出现严重老化、发热、烧损现象的。

4）金属计量箱未接地。

（2）严重缺陷。计量箱内配线截面、设备不满足要求，计量箱各类标示牌缺失等可能影响安全性和计量准确性的缺陷。

1）计量箱轻微破损或局部锈蚀。

2）计量箱隔离开关、断路器容量不匹配或为瓷插座。

3）计量箱内配线截面积不符合要求。

4）计量箱无法加锁。

5）计量箱窥视窗玻璃破损。

（3）一般缺陷（轻度）。计量箱内部接线不美观、计量箱安装角度不合理等不涉及安全性和计量准确性的一般缺陷。

1）计量箱视窗发黄、不清晰。

2）计量箱内部接线凌乱。

3）计量箱安装位置不符合要求。

4）电能表安装位置不符合要求。

5）其他一般性缺陷。

（4）一般缺陷（轻微）。封印缺失、计量箱内存在杂物等不涉及表箱箱体改造、重新接线的简单缺陷。

1）计量箱锁具、封印缺失。

2）计量箱内存在杂物。

文件依据：《国家电网有限公司低压计量箱质量监督管理办法》[国网（营销/4）866—2022]。

**【知识点 4】计量箱的接地要求有哪些**

（1）金属箱应可靠接地，标识清晰。

（2）装有电器的可开启门，门和框架的接地端子件应用裸露编织铜线连接。

文件依据：《国网营销部关于开展计量装表串户及习惯性违规专项治理工作的通知》（营销计量〔2015〕10号）。

### 3.3.2 常见问题及回答

**【问题】客户反映表箱损坏**

话术：先生/女士您好！请您提供用电户号及用电地址。工作人员会第一时间赶往现场，根据现场实际情况对表箱进行维修或更换。若需停电，工作人员会与您协商确定停电时间。

# 3.4 业务场景四：用电信息采集运维

## 3.4.1 基本知识

**【知识点1】用电信息采集终端的定义**

对各信息采集点用电信息采集的设备，简称采集终端，可实现电能表数据的采集、数据管理、数据双向传输以及转发或执行控制命令。用电信息采集终端按应用场所分为专用变压器采集终端、集中抄表终端（包括集中器、采集器）、分布式能源监控终端等类型。

**【知识点2】专用变压器采集终端的定义**

专用变压器采集终端对专用变压器用户用电信息进行采集的设备，可实现电能表数据的采集、电能计量设备工况和供电电能质量监测，以及客户用电负荷和电能量的监控，并对采集数据进行管理和双向传输。

**【知识点3】集中抄表终端的定义**

集中抄表终端是对低压用户用电信息采集的设备，包括集中器、采集器。集中器是指收集各采集器或电能表的数据，并进行处理存储，同时能和主站或手持设备进行数据交换的设备。采集器是用于采集多个或单个电能表的电能信息，并可与集中器交换的设备，采集器依据功能可分为基本型采集器和简易型采集器。基本型采集器抄收和暂存电能表数据，并根据集中器的命令将储存的数据上传给集中器。简易型采集器直接转发集中器与电能表间的命令和数据。

**【知识点4】分布式能源监控终端的定义**

分布式能源监控终端是对接入公用电网的用户侧分布式能源系统进行

监测与控制的设备，可实现对双向电能计量设备的信息采集、电能质量检测，并可接受主站命令对分布式能源系统接入公用电网进行控制。

【知识点5】用电信息采集系统远程通信和本地通信的方式

（1）远程通信。光纤通信、无线公网、无线专网（230M）、中压电力线载波、PSTN 和 ADSL 等公用有线信道。

（2）本地通信。RS485、窄带电力线载波、宽带电力线载波、微功率无线、红外通信、蓝牙。

【知识点6】窄带电力线载波的定义

低压窄带载波通信是指载波信号频率范围不大于 500kHz 的低压电力线载波通信。DL/ T 698 规定载波信号频率范围为 3 ～ 500kHz，优先选择 IEC 61000-3-8 规定的电力部门专用频带 9 ～ 95kHz。

【知识点7】宽带电力线载波的定义

宽带载波通信主要采用正交频分复用技术，面向电力抄表的高速载波通信工作频率范围为 0.7 ～ 12MHz，包含 2.4 ～ 5.6MHz、2 ～ 12MHz、0.7 ～ 3MHz、1.7 ～ 3MHz 四个频段，目前河南主要采用的是 0.7 ～ 3MHz 的频段。

### 3.4.2　实操方法

【知识点1】现场设备运维对象

现场设备运维对象包括：厂站采集终端、专用变压器采集终端、集中抄表终端（集中器、采集器）、农排费控终端、回路状态巡检仪、通信接口转换器、通信模块、电能表、低压互感器及二次回路、计量箱（含开关）、通信卡、本地通信信道等现场相关设备。

文件依据:《国家电网公司用电信息采集系统运行维护管理办法》[国网(营销/4)278—2018]。

### 【知识点2】采集系统现场设备巡视工作内容

现场设备巡视工作应做好巡视记录,巡视内容主要包括以下内容:

(1)设备封印是否完好,计量箱、箱门及锁具是否有损坏。

(2)现场设备接线是否正常,接线端子是否松动或有灼烧痕迹。

(3)采集终端、回路状态巡检仪外置天线是否损坏,无线信道信号强度是否满足要求。

(4)现场设备环境是否满足现场安全工作要求,有无安全隐患。

(5)电能表、采集设备液晶显示屏是否清晰或正常,是否有报警、异常等情况发生。

文件依据:《国家电网公司用电信息采集系统运行维护管理办法》[国网(营销/4)278—2018]。

### 【知识点3】采集故障现象甄别和处置原则

(1)优先排查主站。发现故障现象时,优先从主站侧分析查找原因,提升主站排除故障能力,降低现场工作难度和工作量。

(2)逐级分析定位。综合考虑用电信息采集各环节实际情况,从系统主站、远程信道、采集终端、智能电能表等维度分段分析、排查问题,实现故障快速、准确定位和处理。

(3)批量优先处理。遇到多起并发故障时,综合考虑各故障影响范围、恢复时间及抢修难度,优先处理影响用户多、修复难度小的故障。

(4)一次处置到位。对于同一区域/台区发现的不同故障,尽量一次派工同步进行排查、处理。根据可能的故障原因,提前备好物料,力争一次性做好故障处置。

文件依据：《国网营销部关于印发〈用电信息采集故障现象甄别和处置手册〉的通知》(营销计量〔2015〕33 号)。

【知识点 4】存量窄带台区问题及解决方案

方案 1：电表载波模块与集中器本地路由模块不匹配。

原因分析：由于不同窄带方案的中心频点及调制方式存在差异，不同窄带方案之间无法实现互联互通。

解决方法：台区内新装或换表之后，应选取与台区内统一方案的模块进行安装。

方案 2：模块损坏或安装异常。

原因分析：由于电能表与电能表模块可能存在较小的安装偏差，安装时会出现偶发性插接不牢情况，即模块与电能表个别针脚接触不良，导致采集失败。

解决方法：重新插拔模块，或更换同方案其他模块。

方案 3：电能表抄表参数异常。

原因分析：电能表抄表参数与采集终端不匹配。

解决方法：对于双协议电能表，在配合 376 协议采集终端使用时应选择 645 协议，配合 698 协议采集终端使用时可选择 645 协议或 698 协议。

方案 4：电能表接线异常。

原因分析：表计安装时接线不牢或用接地线替代中性线。

解决方法：表计应正常接入零相线，并保证接线牢固可靠。

方案 5：现场干扰较大。

原因分析：窄带载波频点较低，容易受变频设备干扰，导致通信效果不理想。

解决方法：应排除可解决的干扰源，若无法排除，可协调模块厂家屏蔽干扰或增加中继。

方案 6：载波信号衰减严重。

原因分析：新装表计距其他表计较远，信号衰减较大，形成通信孤岛。

解决方法：协调模块厂家增加中继，加强载波信号强度。

方案 7：模块不兼容 698 协议电能表。

原因分析：部分厂家窄带模块不兼容 698 协议电能表。

解决方法：对于窄带台区新增或表计更换，建议采用拆回分拣合格的 13 版 645 协议电能表，或对此类台区进行 HPLC 改造。

## 【知识点 5】宽带台区问题及解决方案

方案 1：模块安装异常或模块损坏。

原因分析：由于电能表与电能表模块可能存在较小的安装偏差，安装时会出现偶发性插接不牢情况，即模块与电能表个别针脚接触不良，导致采集失败。

解决方法：重新插拔模块，或更换其他模块。

方案 2：电能表抄表参数异常。

原因分析：电能表抄表参数与采集终端不匹配。

解决方法：

（1）采集终端通信协议为 1376.1 时，电能表通信规约应选择 645。

（2）采集终端为面向对象协议（698）时，电能表通信规约可选择 645 或 698。

（3）目前在运电能表按通信协议可分为 13 版 645 单协议、13 版 645（698）双协议和 20 版 645（698）双协议三种类型，其中 13 版 645 单协议电能表配合 376 或 698 采集终端时，载波通道通信波特率均采用 645 协议、2400bit/s 波特率；13 版双协议电能表配合 376 采集终端使用时，载波通道采用 645 协议、2400bit/s 波特率，配合 698 采集终端使用时，载波通道采用698协议、2400bit/s波特率；20版双协议电能表配合376采集终端使用时，载波通道均采用645协议、9600bit/s波特率，配合698采集终端使用时，载波通道均采用698协议、9600bit/s波特率。

注：若2020版双协议电表铭牌右下角标注"115200bit/s波特率"，配合698采集终端使用时，载波通道采用115200bit/s波特率。

方案3：电能表接线异常。

原因分析：表计安装时接线不牢或用接地线替代中性线。

解决方法：表计应正常接入中性线和相线，并保证接线牢固可靠。

方案4：现场干扰较大或组网不稳定。

原因分析：现场存在干扰源，导致通信效果不理想。

解决方法：通过主站调整载波频段避开干扰，排除可解决的干扰源。若仍不能解决，协调模块厂家屏蔽干扰或增加中继。

方案5：载波信号衰减严重。

原因分析：新装表计距其他表计较远，信号衰减较大，形成通信孤岛。

解决方法：尝试通过主站调整载波频段改善组网情况，若仍不能解决，协调模块厂家增加中继，加强载波信号强度。

方案6：模块与电能表波特率不匹配。

原因分析：带电状态换装最高支持波特率不同的厂家模块后，模块无法与电能表正常交互。

解决方法：将电能表断电重启。

方案7：相邻台区存在串扰。

原因分析：共零或共母线台区会出现信号串扰现象，导致抄表或深化功能出现异常。

解决方法：串扰各台区选择不同抄表频段；加强相邻台区信号屏蔽措施，或相邻台区更换为不同方案厂家的路由模块。

## 【知识点 6】HPLC 模块绑定和解绑

方法 1：系统自动绑定。

更换模块后集中器会按照网络拓扑更新周期定时更新台区内模块信息，集中器默认每天更新一次，待集中器完成 ID 信息更新，主站读取 ID 信息后，系统自动解绑原有绑定关系，并根据读取结果重新绑定电表信息。

方法 2：在营销系统中绑定和解绑。

利用营销系统中绑定（解绑）单个计量通信模块在营销业务应用系统"资产管理—电能计量扩展功能—全寿命管理—计量通信模块绑定"界面。

绑定方法：输入需要绑定的电能表或终端资产信息及对应的模块条码，点击"绑定"按钮，即可完成单个设备的模块绑定操作。

解绑方法：通过查询电能表或终端资产信息及对应的模块条码，选中设备和模块后，点击"解绑"，即可完成单个设备的模块解绑操作。

方法 3：在"豫电助手"中绑定和解绑。

以下两种方法均可绑定计量通信模块：

（1）登录"豫电助手"，在首页通过"扫一扫"功能扫描电能表，默认的"设备信息"页，点击"HPLC 模块条码"右侧绿色小锁图标，在弹出的"模块信息"页面点击右侧扫描图标，扫描模块条码，即可完成模块与设备的绑定。

（2）登录"豫电助手"，在"计量管理"下点击"箱表核查"，扫描电能表条形码后点击"查询"，在"模块"页面点击右侧扫描图标，扫描模块条码，即可完成电能表与模块绑定。

注：解绑操作方法与绑定操作方法一致。

# 3.5 业务场景五：违约用电与窃电

## 3.5.1 基本知识

【知识点1】违约用电的定义及违约责任

根据《供电营业规则》第一百零一条规定：供电企业对用户危害供用电安全、扰乱正常供用电秩序等行为应当及时予以制止。用户有下列行为的，应当承担相应的责任，双方另有约定的除外：

（一）在电价低的供电线路上，擅自接用电价高的用电设备或私自改变用电类别的，应当按照实际使用日期补交其差额电费，并承担不高于二倍差额电费的违约使用电费，使用起讫日期难以确定的，实际使用时间按照三个月计算；

（二）私增或更换电力设备超过合同约定的容量用电的，除应当拆除私自增容设备或恢复原用电设备外，属于两部制电价的用户应当补交私增设备容量使用天数的容（需）量电费，并承担不高于三倍私增容量容（需）量电费的违约使用电费；其他用户应当承担私增容最每千瓦（千伏安视同千瓦）五十元的违约使用电费，如用户要求继续使用者，按照新装增容办理；

（三）擅自使用已在供电企业办理减容、暂拆手续的电力设备或启用供电企业封存的电力设备的，应当停用违约使用的设备；属于两部制电价的用户，应当补交擅自使用或启用封存设备容量和使用天数的容（需）量电费，并承担不高于二倍补交容（需）量电费的违约使用电费；其他用户应当承担擅自使用或启用封存设备容量每次每千瓦（千伏安视同千瓦）三十元的违约使用电费，启用属于私增容被封存的设备的，违约使用者还应当承担本条第二项规定的违约责任。

（四）私自迁移、更动和擅自操作供电企业的电能计量装置、电能信息采集装置、电力负荷管理装置、供电设施以及约定由供电企业调度的用户受电设备者，属于居民用户的，应当承担每次五百元的违约使用电费；属于其他用户的，应当承担每次五千元的违约使用电费；

（五）未经供电企业同意，擅自引入（供出）电源或将备用电源和其他电源私自并网的，除当即拆除接线外，应当承担其引入（供出）或并网电源容量每千瓦（千伏安视同千瓦）五百元的违约使用电费。

【知识点 2】窃电的定义及承担责任

（1）窃电是指以非法占用电能，以不交或少交电费为目的，采用非法手段不计量或者少计量用电的行为，是一种严重的违法犯罪行为。情节轻微的需要承担民事责任，情节严重的触犯刑法的还需要承担刑事责任。

（2）窃电形式。

1）在供电企业的供电设施上擅自接线用电。

2）绕越供电企业的用电计量装置用电。

3）伪造或开启供电企业加封的用电计量装置封印用电。

4）故意损坏供电企业用电计量装置。

5）故意使供电企业计量不准或失效；删除、修改或伪造用电信息系统或计量表中有关数据和应用程序用电。

6）采用其他方法窃电。

（3）《供电营业规则》第一百零四条规定："供电企业对查获的窃电者，应予以制止并按照本规则规定程序中止供电。窃电者应按照所窃电量补交电费，并按照供用电合同的约定承担不高于应补交电费三倍的违约使用电费。拒绝承担窃电责任的，供电企业应当报请电力管理部门依法处理。窃电数额较大或情节严重的，供电企业应提请司法机关依法追究刑事责任。"

**【知识点3】窃电诊断分析中，电能表电参量异常分析的主要内容**

（1）电量异常分析，如失压、电压不平衡。

（2）电流异常分析，如失流、负电流、电流不平衡。

（3）功率异常分析，如总有功功率不等于各分相有功功率绝对值之和。

（4）功率因数异常分析。

**【知识点4】窃电电量的计算方法**

（1）在供电企业的供电设施上，擅自接线用电的，所窃电量按私接设备额定容量（千伏安视同千瓦）乘以实际使用时间计算确定

$$容量 \times 时间 = 窃电量$$

（2）以其他行为窃电的，所窃电量按计费电能表标定电流值所指的容量（千伏安视同千瓦）乘以实际窃用的时间计算确定。

（3）窃电时间无法查明时，窃电日数至少以一百八十天计算，每日窃电时间：电力用户按十二小时计算；照明用户按六小时计算。

**【知识点5】窃电场景计算示例**

例1：不含阶梯电价的情况。

某居民客户因窃电被查获，私接设备用电功率1.5kW，窃电时间无法确定，请计算追补电费、违约使用电费。

追补电量为 $1.5 \times 180 \times 6 = 1620$（kW·h）。

补缴电费为 $1620 \times 0.56 = 907.2$（元）。

违约使用电费为 $907.2 \times 3 = 2721.6$（元）。

合计为 $907.2 + 2721.6 = 3628.8$（元）。

例2：含阶梯电价的情况。

某居民客户因窃电被查获，私接设备用电功率4kW，窃电时间无法确

定，查询营销业务系统，客户一阶剩余电量480kW·h，请计算追补电费、违约使用电费。

追补电量为 4×180×6=4320（kW·h）。

一阶剩余电量 480kW·h。

二阶剩余电量 960kW·h。

三阶电量 4320–480–960=2880（kW·h）。

补交电费 480×0.56+960×0.61+2880×0.86=3331.2（元）。

违约使用电费 3331.2×3=9993.6（元）。

合计为 3331.2+9993.6=13324.8（元）。

### 3.5.2 实操方法

【知识点1】窃电的初步判断点

主要从以下几个方面判断：

（1）封印检查。

（2）计量装置外观检查。

（3）检查电能表运行情况。

（4）电能表事件检查。

（5）检查接线。

（6）检查互感器。

【知识点2】常见窃电方法及检查判断方法

（1）常见窃电方法的原理主要为：欠电压法窃电、欠电流法窃电、移相法窃电、扩差法窃电、无表法窃电。

（2）传统窃电的方式主要表现有私拉乱接无表用电、绕越电能表用电、私自开启电能表接线盒封印和电能表表盖封印用电、损坏电能表及计量互感器用电等。

技术窃电有使用倒表器窃电、使用移相方式窃电、使用有线或无线遥控方式窃电等，其均是利用电能表的工作原理，通过改变电流、电压、相位三个方面的参数，分别采取断流、欠流、失压以及通过移相或改变接线等。

（3）检查判断方法。

1）核实营销业务应用系统中用户电能表的表号、制造厂家、电流、电压以及倍率等信息与现场电能表的信息是否相符。

2）检查表箱、联合接线盒等计量装置及电能表的外观、封印是否完好、正确，若表计封印有伪造的可能，应鉴定封印的真伪，并使用测试设备对电能表进行现场检定。

3）查看电能表脉冲指示灯闪烁情况。

4）对于单相电能表，可用钳形电流表检查中性线和相线电流是否一致及电流值是否正常。

5）可通过采集系统采集的电能表各类事件进行分析，如分析电能表停电事件、电能表开表盖或端钮盖事件、失压与失流事件等，同时结合用户用电性质、用电设备数量等开展窃电行为排查。

### 3.5.3 常见问题及回答

【问题1】客户举报窃电且窃电线路属于供电公司产权

话术：先生/女士您好，请您提供详细地址，我们将尽快派工作人员开展现场检查。检查结果我们会及时给您答复，感谢您对我们工作的支持。

【问题2】客户举报窃电且窃电线路属于客户产权

话术：先生/女士您好，十分抱歉，由于供电公司是企业，没有行政执法权，建议您可先与物业联系，或找有资质的电工到现场帮您查看。如确为您的资产线路被窃电，可向公安机关报案。若公安机关需供电公司提供协助，供电公司可配合公安机关提供辅助技术支持。

**【问题3】客户对窃电行为或窃电处理结果不认可**

话术：先生 / 女士您好，按照您的窃电方式，根据《供电营业规则》第一百零五条规定，能够查实用户窃电量的，按已查实的数额确定窃电量。窃电量不能查实的，按照下列方法确定：

（一）在供电企业的供电设施上，擅自接线用电或者绕越供电企业电能计量装置用电的，所窃电量按照私接设备额定容量（千伏安视同千瓦）乘以实际使用时间计算确定。

（二）以其他行为窃电的，所窃电量按计费电能表标定电流值（对装有限流器的按照限流器整定电流值）所指的容量乘以实际窃用的时间计算确定。

窃电时间无法查明时，窃电日数以180天计算，每日窃电时长，电力用户按照十二小时计算、照明用户按照六小时计算。

请配合我们工作，如您仍有异议，您可报请司法机关依法处理，我们将全力配合。

# 3.6　业务场景六：台区线损与治理

## 3.6.1　基本知识

**【知识点】台区和台区线损的定义**

台区：指一台或一组变压器的供电范围或区域。

台区线损：台区配电网在输送和分配电能的过程中，由于配电线路及配电设备存在着阻抗，在电流流过时就会产生一定数量的有功功率损耗。在给定的时间段（日、月、季、年）内，所消耗的全部电量称为线损电量。

### 3.6.2 实操方法

【知识点1】高损产生的可能原因

（1）台户关系不对应导致长期高损。

（2）业务系统基础档案信息与现场不一致导致长期高损。

（3）业务系统内电能表倍率与现场不符导致长期高损。

（4）用户电能表采集失败导致长期高损。

（5）台区采集设备参数设置错误导致台区长期高损。

（6）采集设备故障导致长期高损。

（7）光伏发电用户用电量采集错误导致长期高损。

（8）总表与用户电能表电量不同期导致长期高损。

（9）用户电能表故障导致长期高损。

（10）用户互感器故障导致长期高损。

（11）电能表倍率错误导致高损。

（12）互感器配置不合理导致长期高损。

（13）电能表超容导致长期高损。

（14）电能表接线错误导致长期高损。

（15）供电设施老旧导致长期高损。

（16）用户窃电导致长期高损。

（17）台区供电半径过大导致长期高损。

（18）三相负荷不平衡导致长期高损。

（19）台区配电变压器功率因数低导致长期高损。

**【知识点 2】负损产生的可能原因**

（1）台户关系不一致导致长期负损。

（2）光伏发电用户档案错误导致长期负损。

（3）电能表倍率错误导致长期负损。

（4）台区总表接线错误导致长期负损。

（5）联合接线盒接线错误导致长期负损。

（6）数据补全不合格导致长期负损。

（7）表计时钟超差导致长期负损。

（8）台区计量装置故障导致长期负损。

（9）台区总表前接电导致长期负损。

**【知识点 3】台区技术线损过大的主要表现**

台区技术线损过大的主要表现包括台区供电半径超过 500m、配电变压器未设置在负荷中心、低压线路线径过小、配电变压器出口功率因数低于 0.95、三相负载不平衡、配电变压器长期处于轻载或超载运行、线路电压（尤其是末端线路电压）过低、低压配网线路漏电等。

**【知识点 4】台区线损的计算方法**

台区线损率 =（供电量－售电量）/ 供电量 ×100%

例题某供电所 2 号台区变压器容量 100kVA，导线型号 LK-LYJ-50，所辖客户 48 户，采集成功率 100%。2016 年 11 月 20 日，日线损报表显示该台区供电量 750kW·h，售电量 750kW·h，分布电源上网电量 50kW·h，台区倒供电量 75kW·h，损失电能量 -25kW·h，线损率 -3.13%。台区客户王某属光伏发电，余额上网用户。发电量 50kW·h，用电量 75kW·h。经现场与系统核查该台区总表及用户表情况见表 3-2，根据核实情况计算台区当日线损率，分析当日导致异损的原因。

表 3-2  现场与系统核查该台区总表及用户表情况

| 表类型 | 止码 | 起码 | 倍率 |
|---|---|---|---|
| 总表正向示数 | 963325 | 963300 | 30 |
| 总表反向示数 | 2355.63 | 2355.23 | 30 |
| 用户发电正向示数 | 1303 | 1253 | 1 |
| 用户发电反向示数 | 13.56 | 3.56 | 1 |
| 用户用电正向示数 | 1306 | 1253 | 1 |
| 用户用电反向示数 | 1288 | 1258 | 1 |

注　台区总售电量为750kW·h。

答：错误的供电量为：总表正向电量 + 用户发电正向电量 = 750+50 = 800（kW·h）。

错误的售电量为：总表反向电量 + 用户发电反向电量 + 用户用电正向电量 + 台区总售电量 = 12+10+53+750 = 825（kW·h）。

错误的损失电量为 –25kW·h，线损率 –3.13%。

正确的供电量为总表正向电量 + 用户用电反向电量 = 750+30 = 780（kW·h）。

正确的售电量为总表反向电量 + 台区总售电量 = 12+750 = 762（kW·h）。

正确的损失电量为 18kW·h，线损率 2.31%。

# 4 业扩报装专业

## 4.1 业务场景一：新装增容

【知识点1】低压居民用户新装携带材料，办理流程，时限要求，投资界面及收费标准

（1）携带材料。

1）主体证明（任选其一，需提供原件及复印件）：居民身份证、临时身份证、户口本、军官证或士兵证、台胞证、港澳通行证、外国护照、外国永久居留证（绿卡）、其他有效身份证明文书。

2）产权证明（任选其一，需提供复印件）：产权证、国有土地使用证、集体土地使用证、购房合同、法律文书、产权合法证明。

注：①农村地区低压办电可提供村委会及以上出具的产权证明（原件）；②承租方提供租赁协议的同时，另需提供租赁方产权证明。

文件依据：《用电业务办理告知书》。

（2）办理流程。业务受理—装表接电。

（3）时限要求。

业务受理：1个工作日。

装表接电：4个工作日。

（4）投资界面。

1）供电公司投资建设低压表箱及以上供电设施，表箱原则上就近安装在客户的外墙附近。投资分界点即为产权分界点，产权分界点一般为低压表箱内电能表后第一断路器出线端子，产权分界点以下低压线路等由客户负责投资建设。

2）为确保客户的用电安全，需客户自行购置、委托安装表箱以下的漏电保护装置。

文件依据：《用电业务办理告知书》。

（5）收费标准。供电公司不收取任何费用。

【知识点2】低压非"三零"客户新装携带材料，办理流程，时限要求，投资界面及收费标准

（1）携带材料。

1）主体证明（任选其一，需提供复印件）：营业执照、组织机构代码证、宗教活动场所登记证、社会团体法人登记证书、军队或武警出具的办理用电业务的证明。

2）产权证明（任选其一，需提供复印件）：产权证、国有土地使用证、集体土地使用证、购房合同、法律文书、产权合法证明。

注：①农村地区低压办电可提供村委会及以上出具的产权证明（原件）；②承租方提供租赁协议的同时，另需提供租赁方产权证明；③如委托代理人办理，另需提供授权委托书或单位介绍信（原件）、经办人有效身份证明（复印件）。

文件依据：《用电业务办理告知书》。

（2）办理流程。业务受理 – 勘查确定方案 – 装表接电。

（3）时限要求。

业务受理为1个工作日。

勘查确定方案为2个工作日。

装表接电为2个工作日。

（4）投资界面。

1）在城镇规划建设用地范围内，2021年3月1日后通过出让或划拨等方式取得土地使用权的，执行农业生产用电价格、省级及以上开发区内执行工商业及其他用电价格的低压客户，供电公司投资建设至客户规划红线。

2）在城镇规划建设用地范围内，2021年3月1日后通过出让或划拨等方式取得土地使用权的，省级及以上开发区四至边界外，执行工商业及其他用电价格的低压客户（不含小微企业），公共电网连接点以下由政府相关部门投资建设至客户的规划红线。

3）除以上情况外，其他低压非居民客户由客户自行投资建设至规划红线。

4）投资分界点即为产权分界点，产权分界点一般为低压表箱内电能表后第一断路器出线端子，产权分界点以下低压线路等由客户负责投资建设。

5）为确保客户的用电安全，需客户自行购置、委托安装表箱以下的漏电保护装置。

文件依据：《用电业务办理告知书》。

（5）收费标准。供电公司不收取任何费用。

【知识点3】低压"三零"客户新装携带材料，办理流程，时限要求，投资界面及收费标准

（1）携带材料。

1）主体证明（任选其一，需提供复印件）。营业执照、组织机构代码证、宗教活动场所登记证、社会团体法人登记证书、军队或武警出具的办

理用电业务的证明。

2）产权证明（任选其一，需提供复印件）。产权证、国有土地使用证、集体土地使用证、购房合同、法律文书、产权合法证明。

注：①农村地区低压办电可提供村委会及以上出具的产权证明（原件）；②承租方提供租赁协议的同时，另需提供租赁方产权证明；③如委托代理人办理，另需提供授权委托书或单位介绍信（原件）、经办人有效身份证明（复印件）。

文件依据：《用电业务办理告知书》

（2）办理流程。业务受理—装表接电。

（3）时限要求。

业务受理：1个工作日。

装表接电：14个工作日。

（4）投资界面。

1）供电公司投资建设低压表箱及以上供电设施，投资分界点即为产权分界点，产权分界点一般为低压表箱内电能表后第一断路器出线端子，产权分界点以下低压线路等由客户负责投资建设。

2）为确保客户的用电安全，需客户自行购置、委托安装表箱以下的漏电保护装置。

文件依据：《用电业务办理告知书》。

（5）收费标准。供电公司不收取任何费用。

【知识点4】高压新装、增容携带材料，办理流程，时限要求，投资界面及收费标准

（1）携带材料。

1）主体证明（任选其一，需提供复印件）：营业执照、组织机构代码证、宗教活动场所登记证、社会团体法人登记证书、军队或武警出具的办

理用电业务的证明。

2）产权证明（任选其一，需提供复印件）：产权证、国有土地使用证、集体土地使用证、购房合同、法律文书、产权合法证明。

注：①承租方提供租赁协议的同时，另需提供租赁方产权证明。

②如委托代理人办理，另需提供授权委托书或单位介绍信（原件）、经办人有效身份证明（复印件）。

文件依据：《用电业务办理告知书》。

（2）办理流程。业务受理—供电方案答复—设计审查—中间检查—电网配套工程实施—竣工检验—送停电计划—装表接电

（3）时限要求。

业务受理为1个工作日。

供电方案答复为单电源10个工作日、双电源20个工作日。

设计审查为3个工作日。

中间检查为2个工作日。

电网配套工程实施：10kV项目线路T接、新（改）建架空线路20个工作日内；新、改建环网柜或分支箱30个工作日内；新、改建开关站或电缆线路50个工作日内；35kV及以上项目，与客户受电工程同步推进或适度超前完工。

竣工检验为3个工作日。

送停电计划为5个工作日。

装表接电为3个工作日。

（4）投资界面。

1）对电能替代改造和新建项目（电能替代设备容量占客户报装总容量比例高于50%的项目）、电动汽车充换电项目两类高压客户，以及在城镇规划建设用地范围内，2021年3月1日后通过出让或划拨等方式取得土地使用权的，执行农业生产用电价格、省级及以上开发区内执行工商业

及其他用电价格的高压客户，供电公司投资建设至客户规划红线。

2）在城镇规划建设用地范围内，2021年3月1日后通过出让或划拨等方式取得土地使用权的，1kV及以上电压等级执行居民生活用电价格的客户（含住宅项目、执行居民电价的学校、社会福利机构、社区服务中心等公益性事业客户），以及省级及以上开发区四至边界外，执行工商业及其他用电价格的高压客户（不含电动汽车充换电项目、电能替代改造和新建项目），公共电网连接点以下由政府相关部门投资建设至客户规划红线。

3）除以上情况外，其他高压客户由客户自行投资建设至规划红线。

文件依据：《用电业务办理告知书》。

（5）收费标准。

1）除需按国家规定对双（多）电源客户征收高可靠性供电费外，供电公司不收取其他任何费用。

2）高可靠性供电费用根据（豫发改价管〔2018〕470号）规定：电力用户自建线路实现双回路供电的，不收取高可靠性供电费用。自建线路包括第二路新建电源点至用户负荷侧全部线路。

3）除上述情况之外，需缴纳高可靠性供电费用。

文件依据：《关于2018年因增值税税率调整相应降低工商业电价的通知》（豫发改价管〔2018〕470号）。

【知识点5】充电桩新装携带材料，办理流程，时限要求，投资界面及收费标准

（1）携带材料。居民客户自建充电设施：

1）车位使用证明：车位购买证明（发票、合同或者协议等任一复印件）；如果是租赁车位，除提供租期超过一年的租赁合同复印件外，另需提供租赁方车位购买证明。

注：农村地区自有产权房屋可提供产权证明，或提供村委会及以上出

具的产权证明。

2）车位产权所有人身份证明（任选其一，需提供原件及复印件）：居民身份证、临时身份证、户口本、军官证或士兵证、台胞证、港澳通行证、外国护照、外国永久居留证（绿卡）、其他有效身份证明文书。

3）物业证明（需提供原件）：物业公司出具同意安装使用充电设施的证明，需加盖物业章。

注：①农村地区自有产权房屋无需提供；②非农村地区若无物业，可以提供小区（社区）管理单位出具的同意安装使用充电设施的证明，例如居委会、业委会等。

4）车位产权所有人新能源汽车购车证明（任选其一，需提供复印件）：购车发票、购车合同、购车意向书、行驶证。

注：①购车证明需要提供车位产权所有人其本人、配偶、父母或者子女个人购买新能源汽车的相关佐证复印件（不含单位车辆），其中新能源汽车是指能取得交管部门颁发的新能源汽车号牌，采用非常规的车用燃料作为动力来源，技术原理先进、具有新技术、新结构的汽车，不包括电动两轮车、三轮车等；②如委托代理人办理，另需提供授权委托书或单位介绍信（原件）、经办人有效身份证明（复印件）。

非居民客户自建充电设施：

1）主体证明（任选其一，需提供复印件）：营业执照、组织机构代码证、宗教活动场所登记证、社会团体法人登记证书、军队或武警出具的办理用电业务的证明。

2）产权证明（任选其一）：固定车位产权证明（产权单位许可证明复印件）、产权方出具同意安装使用充电设施的证明材料（原件）。

注：①承租方提供租赁协议的同时，另需提供租赁方产权证明；②如委托代理人办理，另需提供授权委托书或单位介绍信（原件）、经办人有效身份证明（复印件）。

文件依据:《用电业务办理告知书》

(2)办理流程、时限要求、投资界面。请参考申报时对应业务要求。

(3)收费标准。

1)低压客户自建充电设施:供电公司不收取任何费用。

2)高压客户自建充电设施:两路及以上多回路供电用户需交纳高可靠性供电费用。

3)其他客户收费标准与低压客户自建充电设施收费标准相同,根据(豫发改价管〔2018〕470号)规定,电力用户自建线路实现双回路供电的,不收取高可靠性供电费用。自建线路包括第二路新建电源点至用户负荷侧全部线路。

文件依据:《关于2018年因增值税税率调整相应降低工商业电价的通知》(豫发改价管〔2018〕470号)。

**【知识点6】分布式电源新装携带材料,办理流程,时限要求,投资界面,收费标准及分布式电源并网电压等级**

(1)携带材料。

1)主体证明。

①自然人(任选其一,需提供原件及复印件):居民身份证、临时身份证、户口本、军官证或士兵证、台胞证、港澳通行证、外国护照、外国永久居留证(绿卡)、其他有效身份证明文书;

②非自然人及伏(任选其一,需提供复印件):营业执照、组织机构代码证、宗教活动场所登记证、社会团体法人登记证书、军队或武警出具的办理用电业务的证明。

2)产权证明(任选其一,需提供复印件):产权证、国有土地使用证、集体土地使用证、购房合同、法律文书、产权合法证明。

注:①农村地区低压分布式电源可提供村委会及以上出具的产权证明

（原件）；②承租方提供租赁协议的同时，另需提供租赁方产权证明；③如委托代理人办理，另需提供授权委托书或单位介绍信（原件）、经办人有效身份证明（复印件）。

文件依据：《用电业务办理告知书》。

（2）办理流程。受理并网申请、现场勘查、编制方案 – 审查方案 – 答复方案 – 设计审查 – 客户工程实施 – 受理验收申请 – 计量装置安装 – 签订《发用电合同》（10、35kV 分布式电源还需签订《并网调度协议》）– 并网验收调试。

（3）时限要求。受理并网申请、现场勘查、编制方案：光伏单并网点 12 个工作日，光伏多并网点 22 工作日，其他 32 个工作日。

审查方案：5 个工作日。

答复方案：3 个工作日。

设计审查：光伏多并网点 10 工作日。

受理验收申请、计量装置安装、签订《发用电合同》（10、35kV 分布式电源签订《并网调度协议》）：5 个工作日。

并网验收调试：5 个工作日。

（4）投资界面。

1）220、380V 分布式电源。

①"自发自用余电上网"客户，供电公司为客户投资建设低压表箱及以上供电设施（含表上线、表箱、电能表、互感器、表箱内断路器和电能采集装置等），投资分界点即为产权分界点，产权分界点一般为低压表箱内电能表后第一断路器出线端子，产权分界点以下由客户负责投资建设。为确保客户的用电安全，需客户自行购置、委托安装表箱以下的漏电保护装置。

②"全额上网"客户，供电公司为客户投资电能表及互感器，产权分界点一般为客户接入公共电网的连接点。

2）10、35kV 分布式电源。供电公司为客户投资建设供电设施至产权分界点，产权分界点位于客户接入公共电网的连接点，产权分界点以下由客户投资建设。需客户自行组织实施内部工程的设计、招标及施工。

文件依据：《用电业务办理告知书》。

（5）收费标准。供电公司不收取任何费用。

（6）分布式电源并网电压等级。分布式电源并网电压等级见表 4-1。并网电压等级应根据电网条件，通过技术经济比选论证确定。若高低两级电压均具备接入条件，优先采用低电压等级接入。

表 4-1　　　　　　　　　　分布式电源并网电压等级

| 容量范围 | 并网电压等级 |
| --- | --- |
| 8kW 及以下 | 220V |
| 8 ~ 400kW | 380V |
| 400kW ~ 6MW | 10kV |
| 6 ~ 50MW | 35、66、110kV |

文件依据：《国家电网有限公司业扩供电方案编制导则》（Q/GDW 12259—2022）。

【知识点 7】5G 基站新装携带材料，办理流程，时限要求，投资界面，收费标准及分布式电源并网容量要求

（1）携带材料。

1）主体证明【5G 建设运营商营业执照（复印件）】。

2）报装地址列表【需加盖 5G 建设运营商公章（原件）】。

注：如委托代理人办理，另需提供授权委托书或单位介绍信（原件）、经办人有效身份证明（复印件）。

文件依据：《用电业务办理告知书》。

（2）办理流程、时限要求。请参考申报时对应业务要求。

（3）投资界面。

1）高压 5G 基站。供电公司为客户投资建设供电设施至产权分界点，产权分界点位于客户接入公共电网的连接点，产权分界点以下由客户投资建设。需客户自行组织实施内部工程的设计、招标及施工。

2）低压 5G 基站。供电公司投资建设低压表箱及以上供电设施，投资分界点即为产权分界点，产权分界点一般为低压表箱内电能表后第一断路器出线端子，产权分界点以下低压线路等由客户负责投资建设。为确保客户的用电安全，需客户自行购置、委托安装表箱以下的漏电保护装置。

文件依据：《用电业务办理告知书》。

（4）收费标准。

供电公司不收取任何费用。

# 4.2　业务场景二：变更用电

【知识点 1】变更类业务所需的身份证明、产权证明、主体证明等包含的内容

（1）身份证明。包括居民身份证、临时身份证、户口本、军官证或士兵证、台胞证、港澳通行证、外国护照、外国永久居留证（绿卡），或其他有效身份证明文书（原件及复印件）。

（2）主体证明。包括营业执照、组织机构代码证、宗教活动场所登记证、社会团体法人登记证书、军队或武警出具的办理用电业务的证明（复印件）。

（3）产权证明。包括产权证、国有土地使用证、集体土地使用证、购房合同、法律文书、产权合格证明（复印件）；农村地区低压办电可提供

村委会及以上出具的产权证明（原件）。

（4）产权证明或其他证明文书。若系统内存在且在有效期内时不必重复提供。

（5）委托代理人办理。另需提供授权委托书或单位介绍信（原件）、经办人有效身份证明（复印件）。

文件依据：《业扩报装口袋书 第一版》。

【知识点 2】减容 / 减容恢复的定义，携带材料，时限要求及收费标准

（1）定义。

1）减容：指客户在正式用电后，由于生产、经营情况发生变化，考虑到原用电容量过大，不能全部利用，为了减少基本电费的支出或节能的需要，提出减少供用电合同规定的用电容量的一种变更用电业务。

2）减容恢复：指高压客户办理非永久性减容后，在减容期限内，申请恢复至合同约定的用电容量。

（2）携带材料。办理减容和减容恢复所需材料一致。

客户用电主体证明（复印件加盖公章），复印件名称需与用电户名一致。

文件依据：《业扩报装口袋书 第一版》。

（3）时限要求。

1）普通客户（永久性）：单电源 17 个工作日，多电源 25 个工作日。

2）重要客户（永久性）：单电源 22 个工作日，多电源 30 个工作日。

3）临时性普通客户（有工程）：单电源 17 个工作日，多电源 25 个工作日。

4）临时性重要客户（有工程）：单电源 22 个工作日，多电源 30 个工作日。

5）临时性（无工程）：3 个工作日。

（4）收费标准。供电公司不收取任何费用。

【知识点3】暂停/暂停恢复的定义，携带材料，办理流程，时限要求及收费标准

（1）定义。

1）暂停。指客户在正式用电后，由于生产和经营情况发生变化、季节性用电、设备检修等原因，为了节省和减少电费支出，需要短时间内停止使用一部分或全部用电设备容量的一种变更用电业务。

2）暂停恢复。恢复暂时停止的全部或部分受电设备的用电。

（2）携带材料。办理暂停和暂停恢复所需材料一致。

客户用电主体证明（复印件加盖公章）；复印件名称需与用电户名一致。

文件依据：《业扩报装口袋书》。

（3）时限要求。全流程3个工作日。

（4）收费标准。供电公司不收取任何费用。

【知识点4】更名的定义，携带材料，办理流程，时限要求及收费标准

（1）定义。是指房屋产权不变，依法变更企业、单位、居民客户名称。

（2）携带材料。

1）低压居民用户需提供：①客户有效身份证明（原件）；②产权证明（复印件）或其他证明文书。

注：暂无法提供新户产权证明（复印件）或其他证明文书的可执行"容缺办理"，新、老户主签署协议后办理。

2）低压非居民用户和高压用户需提供：①用电户主体证明（原件或

复印件加盖公章）；②用电户名称变更证明材料。

注：用电户指新户，用电户名称变更证明材料是指工商变更登记或者户籍证明。

文件依据：《业扩报装口袋书》。

（3）时限要求。全流程5个工作日。

（4）收费标准。供电公司不收取任何费用。

**【知识点5】过户的定义，携带材料，办理流程，时限要求及收费标准**

（1）定义。是指房屋产权变更（供用电合同主体发生实质变化），依法变更企业、单位、居民客户名称。

（2）携带材料。

1）低压居民用户需提供：①房屋产权所有人有效身份证明（原件）；②产权证明（复印件）或其他证明文书。

2）低压非居民用户和高压用户需提供：①客户用电主体证明（身份证原件、营业执照复印件加盖公章）；②产权证明（复印件）或其他证明文书。

注：①客户用电主体证明指新户主的法人代表有效身份证明、经加盖单位公章的新户主营业执照（或组织机构代码证，宗教活动场所登记证，社会团体法人登记证书，军队、武警出具的办理用电业务的证明）；②若原户主账户存在资金结余，则客户用电主体证明需另外提供原户主法人代表有效身份证明。

文件依据：《业扩报装口袋书》。

（3）时限要求。全流程居民过户5个工作日，全流程非居民过户10个工作日。

（4）收费标准。供电公司不收取任何费用。

【知识点6】改类的定义，携带材料，办理流程，时限要求及收费标准

（1）定义。是指客户在正式用电后，由于生产、经营情况及电力用途发生变化而引起用电电价类别的改变。

（2）携带材料。

1）低压居民用户。客户有效身份证明（原件）。

2）低压非居民用户和高压用户。客户用电主体证明（复印件加盖公章）。

注：客户有效身份证明和用电户主体证明复印件名称需与用电户名一致。

文件依据：《业扩报装口袋书》。

（3）时限要求。

1）基本电价计费方式变更。无需换表的业务2个工作日，需要换表的业务5个工作日。

2）调需量值。2个工作日。

3）居民峰谷变更。无需换表的业务2个工作日，需要换表的业务5个工作日。

4）其他改类情况。需现场核查，无承诺时限。

（4）收费标准。供电公司不收取任何费用。

【知识点7】销户的定义，携带材料，办理流程，时限要求及收费标准

（1）定义。是指客户申请停止全部用电容量的使用，和供电企业终止供用电关系，即供用电双方解除供用电关系。

（2）携带材料。

1）低压居民用户。房屋产权所有人有效身份证明（原件）或政府相

关部门出具的销户证明材料（原件）。

注：居民有效身份证明姓名需与用电户名一致。

2）低压非居民用户和高压用户（任选其一）。法人身份证（原件）、营业执照（原件或复印件加盖公章）、政府相关部门出具的销户证明材料（原件）。

文件依据：《业扩报装口袋书》。

（3）时限要求。销户业务无承诺时限。

（4）收费标准。供电公司不收取任何费用。

【知识点8】暂拆/暂拆恢复的定义，携带材料，办理流程，时限要求及收费标准

（1）定义。

1）暂拆。是指客户（因修缮房屋等原因）需要暂时停止用电并拆表的业务。

2）暂拆恢复。俗称"复装"，客户在不超过6个月的暂拆期间内，提出复装接电。

（2）携带材料。

1）低压居民用户。客户有效身份证明（原件）。

注：居民有效身份证明姓名需与用电户名一致。

2）低压非居民用户。业务申请表。

注：业务申请表加盖公章，公章需与用电户名一致。

文件依据：《业扩报装口袋书》。

（3）时限要求。全流程5个工作日。

（4）收费标准。供电公司不收取任何费用。

**【知识点 9】移表的定义，携带材料，办理流程，时限要求及收费标准**

（1）定义。是指客户在原用电地址内，因修缮房屋、变（配）电室改造或其他原因，需要移动用电计量装置安装位置的业务。

（2）携带材料。

1）低压居民：客户有效身份证明（原件）。

注：有效身份证明复印件姓名需与客户名一致。

2）低压非居民：用电户主体证明（复印件加盖公章）。

注：用电户主体证明复印件名称需与用电户名一致。

文件依据：《业扩报装口袋书》。

（3）时限要求。居民和非居民客户全流程 15 个工作日。

（4）收费标准。供电公司不收取任何费用。

**【知识点 10】分户的定义，携带材料，办理流程，时限要求及收费标准**

（1）定义。是指原客户由于生产、经营或改制方面的原因，由一个电力计费客户分列为两个及以上的电力计费客户。

（2）携带材料、办理流程、时限要求及收费标准需按照减容、新装业务分别办理。

**【知识点 11】并户的定义，携带材料，办理流程，时限要求及收费标准**

（1）定义。是指客户在用电过程中，由于生产、经营或改制方面的原因，由两个及以上电力计费客户合并为一个电力计费客户。

（2）办理时所需携带材料、办理流程、时限要求及收费标准按照一户销户、一户增容业务办理。

**【知识点 12】迁址的定义，携带资料，办理流程，时限要求及收费标准**

（1）定义。是指客户正式用电后，由于生产、经营原因或市政规划，需将原用电的受电装置迁移他处的业务。

（2）办理时所需携带材料、办理流程、时限要求及收费标准按销户、新装业务办理。

# 4.3　业务场景三：办电渠道

**【知识点 1】新装、增容类业务的办电渠道**

"网上国网"App，供电营业厅，政务服务渠道。

**【知识点 2】变更用电业务的办电渠道**

（1）业务场景二所列变更类用电业务均可通过"网上国网"App、供电营业厅进行办理。

（2）更名、过户、改类、暂停/暂停恢复、减容/减容恢复类用电业务，还可以通过政务服务渠道进行办理。

注：地市差异部分按各地市实际情况执行。

# 4.4　业务场景四：三不指定

**【知识点 1】"三指定"行为的定义**

系指供电企业采取直接、间接或变相方式，为用户受电工程指定设计、施工及设备材料供应单位，从而限制或排斥其他单位的公平竞争，侵犯用户自主选择权利的行为。其中，施工单位涵盖承装（修、试）电力设施单位及工程监理单位；设备材料供应单位则包括设备材料供应商与设备材料生产厂家。

文件依据：《国家能源局关于印发〈国家能源局用户受电工程"三指定"行为认定指引〉的通知》（国能发监管〔2020〕65号）。

【知识点2】"三指定"行为监管范围

除新装、增容业务外，已明确将变更用电纳入监管，凡用户出资建设的电力工程，包括线路迁建也属"三指定"监管范畴。

文件依据：《国家能源局关于印发〈国家能源局用户受电工程"三指定"行为认定指引〉的通知》（国能发监管〔2020〕65号）。

【知识点3】《行为指引》所列举的三指定行为、认定的情形

（1）直接授意。通过授意的方式，达到"三指定"的目的。即为用户受电工程直接指明、确定、认定或者限定设计、施工、供货单位，影响用户选择；或通过口头、书面、公示等方式，向用户推荐或者限定特定单位，影响用户选择的，均被认定为"三指定"行为。

（2）介入影响。让特定的设计或施工单位，介入业扩报装申请、现场勘察、供电方案答复、图纸审核、竣工检验等业务环节，为特定单位获取用00000户信息、与用户接触创造机会，为直接指定或变相指定提供条件。

（3）行为暗示。为达到"三指定"目的，不直接授意，而是通过抬高标准、设置障碍等行为影响或暗示用户作出选择的。一类是采用不合理的供电方案标准，如电源点、供电方式、计量计费方式等应引入供电方案而未引入，不批复合理的接电点，故意隐瞒供电能力等，从而达到影响用户选择的。另一类是，自行设置准入条件，自行提高设计、施工单位资质要

求，自行提高图纸审核、竣工检验标准，或在图纸审核、中间检查、竣工检验等办电环节中，不受理、不通过或拖延办理，或者对设备材料额外进行试验检测，影响用户选择的。

（4）曲线迂回。不直接指定，而是要求用户自主选择的施工单位分包给特定施工单位的，或为用户工程总承包单位指定设备材料供应单位的，都会被认定"三指定"行为。受用户委托实施的受电工程，供电企业如果未按规定组织招投标或者违反招投标有关规定，选择特定单位的，也认定为"三指定"行为。

（5）"秋后算账"。用户自主选择设计、施工和设备材料供应单位后，若供电企业在后续业务办理中采用不同标准、设置障碍，即使用户未改变选择，但影响以后选择或影响其他用户选择的。这种"秋后算账"式的刁难或设卡，也将被认定为"三指定"行为。

文件依据：《国家能源局关于印发〈国家能源局用户受电工程"三指定"行为认定指引〉的通知》（国能发监管〔2020〕65号）。